ÁNGELES ENTRE NOSOTROS

Compilado por los editores de Guidepost

Publicado por
Editorial **Unilit**
Miami, Fl. 33172
Derechos reservados

Primera edición 1996

© 1993 por Guidepost Associates, Inc.,
Publicado originalmente en inglés con el título: *Angel Among Us.*

Traducido al castellano por: Silvia B.Fernández
Cubierta diseñada por: Alicia Mejías

Citas bíblicas tomadas de la Santa Biblia, revisión de 1960,
© Sociedades Bíblicas Unidas.
Otras versiones bíblicas debidamente marcadas:
BLA, "Biblia de las Américas"
© 1986 The Lockman Foundation,
(BD) La Biblia al Día,
© 1979 Living Bibles International.
Usadas con permiso.

Reconocimientos: Los capítulos I, II y IV fueron publicados originalmente
en la revista *Guidepost.* © 1948, 1968, 1975, 1978, 1981, 1982, 1984, 1986,
1987, 1988, 1990, 1992.
"En la parte de atrás del camión" por Marion Bond West, fue publicado originalmente
por *Daily Guidepost* 1993, © 1992 por Guidepost Associates, y usado con permiso.
Selecciones de "Los agentes secretos de Dios" por Billy Graham, © 1975 por Doubleday
edición revisada © 1985, Word, Inc., Dallas, Texas. Usado con permiso.
"El perro blanco" por Neva Joyce Coil, "En brazos amorosos" por Deborah C. Jacobson,
"Esas manos gentiles" por Joanna Rhodes Hall, "La caída" por Charles A. Leggett y
"En Busca de ángeles" por Kimberly Love © 1993 por Guidepost Associates, Inc.

Producto 498397
ISBN 1-56063-877-X
Impreso en Colombia
Printed in Colombia

Norma Elizabeth

Q' TRISTE ES LA VIDA

Contenido

IV. Ángeles por doquier

Al lector

El reportero R.Gustav Niebuhr del periódico *Wall Street*, con fecha del 12 de mayo de 1992, produjo un artículo donde se afirmaba que algunas personas habían recibido ayuda de ángeles y lo que esto había significado para ellos. Después de un gran silencio de 300 años, comentaba Niebuhr "los ángeles están regresando de nuevo". ¡Regresando!, pero si realmente nunca se han ido.

Hoy día ha aumentado el interés en estos seres celestiales, y más personas están atreviéndose a hablar de su encuentro con ellos. En la Biblia se lee acerca de los ángeles, desde Génesis en el Antiguo Testamento, hasta el último capítulo de Apocalipsis, en el Nuevo. Sin embargo en estas páginas, usted puede leer sobre los ángeles que nos visitan hoy. Todos ellos son espíritus ministradores quienes con su presencia proveen no solamente socorro, sino también una evidencia consoladora de un Dios amoroso quien está siempre cuidándonos.

Cuando haya terminado de leer este libro, es probable que usted tenga una nueva opinión de un fenómeno que hasta este momento solamente había percibido. Comenzará a mirar en el pasado de su propia vida, recordando ciertos sucesos inexplicables que le dejaron confundido y asombrado. Es entonces que comenzará a comprender algo sobre el misterio y la belleza de los eventos relatados en estas historias. Es entonces que comenzará a escuchar cuidadosamente lo que la poetisa Betty Banner escuchó como "el sonido del viento al pasar".

I

ÁNGELES INADVERTIDOS

I
ÁNGELES INADVERTIDOS

En ocasiones vienen disfrazados, al igual que en una historia de misterio. Usted no puede sospechar su verdadera identidad como ángeles de Dios, hasta que su misión se ha cumplido. Se marchan, y usted queda rascándose la cabeza asombrado.

Aquí, en "Ángeles inadvertidos", encontrará un número de personajes raros que lo dejarán perplejo. Algunos de ellos confirman el latín *angelus*, y el griego *angelos* que aparece en español como "ángel" y que significa *mensajero*. Aparecen como hombres altos y rubios que señalan un hueco en el hielo por donde un niño ha desaparecido; también como un caballero chino, correctamente vestido, quien detuvo a cuatro soldados en el momento de mayor peligro; y aun en la forma de un gran perro blanco, quien dirige el camino hacia un descubrimiento. Ellos aparecen y desaparecen, para nunca volver a verlos.

No es difícil notar por qué todo el mundo ama lo misterioso. ¿Y por qué no? La vida misma es misteriosa y asombrosa. La fe en Dios es un misterio, un asunto maravilloso, de reverencia y confianza en las cosas que no se ven.

¿Y quién puede decir que estos misteriosos extraños no son los mensajeros escogidos de Dios?

El EXTRAÑO ALTO Y RUBIO

Nelson Sousa

El 19 de diciembre de 1979, mi compañero Ray y yo estábamos trabajando como buzos en la construcción de un puente cerca de Somers Point, Nueva Jersey. La nieve había comenzado a caer temprano, y para el mediodía estaba tan fuerte que tuvimos que dejar el trabajo. Mientras atravesábamos por el lote de estacionamiento noté que el auto de mi jefe no tenía cadenas para la nieve.

"Oye John", le dije: "¿Quieres que te lleve a tu casa?, creo que no llegarás con esos neumáticos".

John lo consideró por unos momentos, luego moviendo la cabeza me dijo: "Está bien Nelson, puede que tengas razón". Pero tan pronto como comenzó a caminar hacia mi camioneta, se detuvo y regresó hacia su auto. "Oh, casi se me olvidaba", me dijo, buscando en su maletero, "aquí tienes el traje de bucear que me prestaste el mes pasado. Al fin recordé traerlo".

Estuve a punto de dejarlo en nuestra oficina situada en uno de los carros de remolque donde almacenamos nuestro equipo; pero como el traje tenía algunos huecos, decidí llevarlo a casa y repararlo. Lo tiré en la parte de atrás de mi camioneta. Era la primera vez en mis diez años como buzo en que yo viajaría con uno de estos trajes protectores de goma en el carro. Estos siempre se dejaban guardados en el trabajo.

El viaje hacia el norte a través de la nieve era difícil; frenando y acelerando por todo el camino. Lo que debió habernos tomado una hora, nos tomó más de tres. Pero pasamos el tiempo hablando sobre la Navidad y los juguetes que le íbamos a comprar a nuestros hijos.

Realmente no me importaba salir de la ruta para llevar a John, y cuando llegamos al desvío que conducía hacia su casa, eran ya las tres de la tarde. Cuando dimos la vuelta, observamos un camión de bomberos que tocaba su sirena con fuerza deteniéndose al final de la calle. Había una gran conmoción en ese lugar.

"Oh Dios amado, no puede ser...", dijo John. Delante de nosotros había una escena alarmante; una laguna pequeña congelada, con un siniestro hueco negro en su centro. Allí se encontraban los camiones de bomberos con sus luces intermitentes y las personas amontonándose en la orilla. Una mujer daba gritos y lloraba.

"Alguien debe haberse caído a través del hielo", dijo Ray.

Estacioné la camioneta a un lado de la carretera, me tiré de ella, tomé mi traje de buzo de la parte de atrás, me lo puse y corrí hacia la laguna. Ray me seguía a tropezones mientras yo cerraba la cremayera del traje.

Un bombero con rostro serio nos dijo que un niño de seis años había salido a caminar sobre el hielo y se había caído en el agua helada. "Pero es imposible para nosotros llegar hasta allá", dijo, "el hielo está muy delgado". Dos hombres ya lo habían intentado. Tampoco una escalera puesta sobre el hielo funcionó. El agua estaba tan fría que cualquiera que resbalara en ella caería en un estado de inconsciencia en cuestión de minutos.

"Yo lo voy a intentar", dije. Alguien ató una cuerda alrededor de mi cintura y comencé a dirigirme hacia el lugar, astillando el hielo a medida que con mucho esfuerzo adelantaba camino. Cuando llegué al hueco donde el niño había desaparecido, mis manos estaban sangrando del esfuerzo.

El agua helada entró por los huecos que tenía el traje. Supe que sólo tenía uno o dos minutos para sumergirme. Entonces descubrí que había dejado mi pesado cinturón de bucear en mi trabajo. Sin él sería muy difícil nadar en lo profundo con mi traje de goma flotante. Pero *tenía* que llegar al fondo. Todo lo que podía hacer era impulsar mi cuerpo hacia lo profundo. El agua estaba oscura. Más o menos a seis pies de profundidad toqué el fondo, luego subí como un corcho. Arriba y abajo, arriba y abajo. Una y otra vez me zambullía, moviéndome alrededor de la abertura en el hielo y palpando frenéticamente tratando de hallar un cuerpo. Pero no había nada, sólo agua helada y un fondo resbaloso y pantanoso. "¿Dónde estaba él?"

Echando bocanadas de aire y tosiendo exhausto, grité con desesperación: "¡El no está aquí! No lo encuentro. ¿Dónde está?" Cuando miré hacia arriba, al otro lado del lago, vi a un hombre rubio con un abrigo ligero, parado solitario en la nieve. El levantó su brazo y me señaló hacia un punto, al otro lado del hueco, opuesto a mí.

Me dirigí hacia el lugar y me tiré hacia abajo. El agua helada cubrió mi cabeza, y luego mis pies tocaron algo. ¡El cuerpo del niño! Subí de nuevo. Ahora, con violentos movimientos de mis manos, me lancé al fondo y coloqué mis pies alrededor del cuerpo y lo levanté. Flotando sobre mi espalda, atraje el cuerpo rígido, empapado, hasta mi pecho y lo sostuve fuertemente.

El abrigo azul del niño parecía estar pegado a él. Tiré hacia atrás la caperuza que cubría su cabeza y grité. El rostro descubierto, ¡era tan azul como el abrigo! El niño no estaba respirando. No podía continuar mirándolo más.

"¡Halen!", grité, la cuerda se ajustó a mi alrededor, mientras los bomberos con trabajo la halaban arrastrándome hacia la orilla.

John se tiró en el agua, tomó el cuerpo y se lo pasó a los médicos que esperaban. Yo me quedé rígido; me zafé el traje y comencé a dirigirme hacia ellos cuando dos policías me detuvieron. "Vamos", me instaron, "entra en nuestro auto patrulla y caliéntate".

"Pero el niño!...", les grité. Para ese entonces las puertas de la ambulancia se habían cerrado y se alejaba velozmente, sonando la sirena. Yo me quedé moviendo mi cabeza, me sentía desamparado, deseaba que hubiera podido salvarlo.

John, mi jefe, me llevó a su casa donde me calenté un poco más y luego Ray y yo manejamos a casa. Cuando entré, mi esposa Patricia, estaba preparando la cena. Ni siquiera le di un beso, solamente me tiré sobre el sofá y comencé a llorar. Había sido todo en vano.

Pat miró a Ray. "Nelson sacó a un niño del lago", le explicó Ray. Patricia había cocinado mi plato favorito, carne estofada, pero yo no podía ni probarla. Me senté en el sofá de la sala y sólo pensaba en el pobre pequeño y cómo se sentirían sus padres. Patricia llamó al hospital donde habían llevado al niño. Ellos le dijeron que el pequeño Michael Polukard había estado bajo el agua alrededor de diez minutos, estaba inconsciente, en condición seria; un sacerdote le había ministrado la extremaunción; pero estaba vivo.

¡Qué Navidad!, pensé, mirando fijamente las luces brillantes de nuestro árbol. Debajo del mismo estaba el nacimiento de Navidad; la

camita del pesebre estaba vacía. Nuestra costumbre es poner al Niño Jesús dentro de ella en la víspera de Navidad. Me sentí aun peor pensando en una camita real que estaba vacía esa noche.

Miré con tristeza alrededor del cuarto. Sobre la televisión estaban dos ángeles blancos que Patricia había hecho para la decoración de la casa ese año. Uno sostenía una hilera de estrellas, el otro tocaba el arpa. Cuán frívolo parecía todo ahora, ¡Angeles! Recordé cómo mi abuela portuguesa de niños nos contaba sobre los ángeles que cantaron a los pastores aquella noche lejana cuando Jesús nació. Pero esta noche los ángeles y Jesús no me parecían muy reales. Y sin embargo, mi corazón lloraba por el pequeño niño. Era lo único que podía hacer. Recosté mi cabeza y oré por él. Le pedí a Dios que le ayudara a vivir.

Pasaron horas en las que me quedé sentado, sin moverme, mirando a la pared. Patricia llevó a nuestras dos niñas pequeñas a la cama y Ray trató de animarme. "El está aún con vida, sabes", me dijo Ray, "hay esperanza. Debieras estar agradecido por haber sabido dónde encontrarlo en esa laguna".

Lo miré. "Yo no sabía dónde él estaba, Ray", le dije. "Fue ese hombre alto y rubio que me señaló el lugar correcto. Si no hubiese sido por él, nunca hubiera encontrado al niño".

Ray me miró extrañado. "Eso suena muy raro Nelson. Tú sigues hablando de un hombre al otro lado del lago, pero...", se rascó la cabeza..., "no había nadie en ese lado".

Alrededor de las nueve sonó el teléfono. Patricia contestó, y me lo pasó a mí. "Es el padre de Michael, desea darte las gracias". Con manos temblorosas tomé el teléfono. "No se preocupe por mí", le interrumpí, "lo único que deseo saber es cómo está su pequeño". Stand Polukard dijo que Michael estaba aún en una condición seria, pero parecía que se iba a salvar. La misma frialdad del agua, había bajado la velocidad del funcionamiento del cuerpo de Michael, me explicó, reduciendo su necesidad de oxígeno. Experimenté un gran alivio, y en mi corazón, agradecí a Dios por haber salvado al pequeño. Entonces pude ir a la cama y dormir.

Nos mantuvimos en estrecho contacto con el hospital durante los próximos días, pero las noticias no eran buenas. La familia Polukard había sido informada que era posible que Michael tuviese un grave daño cerebral. Los doctores estaban preocupados por el tiempo que había pasado antes que su corazón y pulmones funcionaran de nuevo. Un examen de su cerebro mediante un electroencefalograma había arrojado resultados "inconclusos". Los doctores decían que sólo hasta después que el niño recuperara el conocimiento, podrían saber cuánto había sido afectado.

Supimos que sus padres se habían mudado al hospital para quedarse con el niño. Las noticias reportaron que ellos estaban orando por él las veinticuatro horas del día. Personas de todas partes enviaron mensajes de ánimo, diciéndoles que estaban orando con ellos. Yo no sabía que habían tantos creyentes.

Los periódicos continuaron publicando la historia de la triste condición de Michael. Eileen y Stan Polukard continuaban hablándole a su niñito, que yacía inconsciente, conectado a una máquina de respirar, un monitor del corazón y suero intravenoso. Los doctores trataron de no infundirles falsas esperanzas.

"Recuerde", dijo un doctor a Eileen, "el niño que usted conoció, puede que ya no exista".

Al tercer día, viernes, el equipo médico quitó a Michael del respirador. Stan y Eileen continuaron su paciente vigilia de oración al lado de la cama de su hijo. Después el niño abrió los ojos lentamente y se viró hacia ellos. "Hola mami, hola papi", susurró.

El lunes en la tarde, la víspera de Navidad, recibimos una llamada telefónica. "¡Michael está en casa!", gritó mi esposa. La familia Polukard había llamado diciendo que los exámenes habían revelado que Michael estaba completamente bien y que se lo podían llevar a su casa. Ellos nos invitaron a su hogar para celebrar juntos. Patricia y yo abrigamos a nuestras dos niñitas, entramos en el auto, y fuimos para allá rápidamente.

Michael estaba vestido con unas pijamas y sentado en el sofá de la sala cuando llegamos. "¿Sabes quién soy?", le pregunté. Por el resto de la noche, no se apartó de mi lado. A medida que hablábamos él mencionó que una de las primeras cosas que vio cuando abrió los ojos en el hospital fue un ángel.

"¿Un ángel?", le pregunté sorprendido.

Allí había realmente un ángel. Un gran ángel de papel que colgaba sobre la cama de Michael como parte de la decoración de Navidad del hospital.

Angeles de nuevo. Una vez más pensé en esos momentos misteriosos que mi abuela nos contaba cuando los ángeles hablaron con los pastores en el campo y le dijeron sobre el pequeño Bebé acostado en el pesebre.

Imaginé nuestro propio pesebre en la sala de nuestra casa. Y me dije: "Cuando regresemos, nuestras dos niñitas pondrán el Bebé Jesús en Su camita en el pesebre".

Miré hacia arriba y vi a Michael en los brazos de su padre y le di gracias a Aquel que envió a Su Hijo... y quien, ahora estaba seguro, envió Su ayuda, de alguna forma, para que otra pequeña cama estuviese tibia esta noche.

Pero había otra imagen en mi mente, un hombre alto y rubio, de pie, solitario en la nieve, a la orilla del lago, señalando. ¿Quién era él? Durante todas las semanas y meses que siguieron, no encontré a nadie que lo hubiera visto allí. En esta víspera de feliz Navidad, en una habitación llena de solemnidad, yo no podía evitar hacerme esa pregunta.

ℒA LUZ EN LA SALA DEL TRIBUNAL

Richard S. Whaley

Cuando yo era joven, y mientras practicaba leyes por un corto tiempo en el sur del estado de California, me sorprendió una mañana la visita de un tío mío. El era uno de los pocos sureños de la vieja escuela que quedaba. La cortesía y la puntualidad eran clave en cada uno de sus actos.

"Dick", dijo lentamente, "muchos años atrás, tu abuelo materno tuvo una familia de esclavos de apellido Holmes. Algunos de los muchachos de la familia Holmes parece que andan con un grupo de personas de mala reputación. Ha habido un asesinato en el Condado, y los fiscales están presentando cargos contra la familia Holmes. Serán llevados a juicio en la próxima sesión. Esta familia Holmes fue muy buena con nosotros en los días cuando teníamos problemas. Yo albergaba la esperanza de que se encontrase algún error en alguna parte; pero no he sabido nada al respecto. De alguna forma, no puedo quedarme tranquilo, y considero que como tú conoces las leyes, pudieras hacerte cargo".

Confieso que en esos días yo estaba buscando mejores honorarios. En casos similares, lo que casi siempre recibía como honorario era quizás una docena de pollos o algo similar. Estaba a punto de encontrar una buena excusa cuando tío Ben, cuyos ojos penetrantes parecían leer mis pensamientos, habló en alta voz como si estuviese hablando consigo mismo, como si yo no estuviese presente.

"Sí, cuando esos yanquis nos quitaron todo", murmuró el tío, "la situación de la comida fue desesperante. Toda la familia Holmes, incluyendo los más pequeñitos, forrajearon todo el día hasta bien entrada la noche. Estuvimos a punto de rendirnos después de días sin

alimento, con la abuela y el abuelo muy débiles. Al otro día los Holmes regresaron, encendieron el fuego de la cocina, y rápidamente prepararon la sopa más sabrosa y la mejor comida que tuvimos por mucho tiempo. En muchas ocasiones escuché decir que los viejos se salvaron por causa de esa sopa. Aquellos antiguos esclavos nos mantuvieron vivos y sanos. Ellos nos proveyeron por largo tiempo, hasta que las cosas mejoraron".

Me sentí avergonzado de mi egoísmo. Todo lo que podía hacer era tartamudear como un niño. "Entonces, si no hubiese sido por los Holmes, pudiera ser que yo no existiera, mucho menos ser un abogado".

Al parecer, satisfecho con mi reacción, mi tío Ben se levantó y despidiéndose cortésmente, estrechó mi mano sin decir ni una palabra más y me dejó solo para que tomase mi decisión.

En ese momento no pude hacer otra cosa que comenzar a investigar todos los detalles del caso del asesinato, y los incidentes en las vidas de los muchachos Holmes. También llegué a conocer casi todas las intrigas del vecindario donde se cometió el crimen. Y mientras observaba el comportamiento de los sospechosos, tenía la convicción de la inocencia de los muchachos, pero no podía encontrar ninguna forma para probarlo. Simplemente había demasiadas circunstancias que sin ninguna explicación los señalaban como culpables. La misma conducta simple de los muchachos, que me convencía de su honestidad, era un factor en contra de ellos. Cuando comenzó el juicio me sentía ansioso por la falta de pruebas. Día tras día, los fiscales ajustaban sus evidencias condenatorias como piezas de un rompecabezas. Luego, como el resorte veloz de un arco, el fiscal presentó como su testigo principal a un detective que tenía una gran naturalidad para expresarse y una forma de comunicarse impresionante. Una palabra tras otra repercutían en las mentes del jurado, quienes parecían casi hipnotizados.

Una tarde, ya al anochecer, cuando el fiscal estaba a punto de concluir su caso, el tribunal ordenó un descanso hasta el próximo día. Cuando se vació el salón me dejé caer en mi silla exhausto, molido. Y en un susurro más que con la voz dije: "Oh Dios, no permitas que se cometa una injusticia contra estos muchachos. Deja que tu Espíritu Santo derrame sabiduría y fuerza dentro de mí. Estamos perdidos sin Tu ayuda".

Me quedé sentado por largo rato, sumergido en un ambiente solemne de oración y con la seguridad de la justicia y misericordia de Dios

que aumentaba cada vez más. El sonido de unas pisadas en la habitación vacía me sacó de el estado en que me encontraba, entonces miré
en esa dirección.

Allí estaba de pie un perfecto extraño. El se acercó a mí y me dijo:
"Hijo, ¿sabías que un hombre puede conseguir un certificado y distin-
tivo de detective por dos dólares? Mira, aquí está el anuncio en el
periódico de Savannah donde lo anuncian".

"Bueno, ¿y qué?", me quejé cansado. El extraño me dio el periódico,
me sonrió de forma extraña y movió su cabeza alejándose lentamente
sin responderme. Me quedé con la mirada clavada en las palabras
impresas y mi mente comenzó a reaccionar. Comencé a caminar
alrededor de la habitación mientras crecía mi emoción. *¿Podía la
oración ser contestada tan rápido?*

En ese momento una escena pasaba por mi mente —una escena que
había ocurrido varios días atrás en el corredor. Fue un incidente tan
insignificante que me resultaba asombroso que pudiera recordarlo
completamente. Sucedió que cierto hombre se había acercado al testigo principal del fiscal, al detective, y le había dicho en tono grosero:
"Jim, ¿cuándo me vas a pagar esos dos dólares que te presté?"

El próximo día en el tribunal, este detective estaba sentado en el
banco de los testigos cuando el juez elegantemente me anunció: "Su
turno para preguntar". Su actitud claramente indicaba que él pensaba
que yo tenía el caso perdido.

Me puse de pie con una oración —y el periódico de Savannah en mi
mano—. Luego para asombro de todos le pregunté al detective: "¿Usted pidió prestado dos dólares al señor Jones un tiempo atrás? Yo
escuché cuando le preguntaba a usted el otro día, que ¿cuándo se los
iba a pagar?"

El detective se sorprendió. Se ruborizó y tartamudeaba. El fiscal se
puso de pie de un salto y objetó mi pregunta. El jurado me miraba
fijamente con ojos llenos de lástima y confusión.

"Por supuesto, que en un caso tan importante como éste, usted está
preparado para mostrar su certificado que lo capacita a actuar como
detective", le insistí pausadamente.

No podía pasar inadvertido el rubor que apareció en el rostro del
detective mientras me alcanzaba su certificado. Una mirada al elegante
papel grabado y su reciente fecha de emisión me satisfizo. De pronto,
parecía como si todo el poder del universo estuviera conmigo. Presenté
el *"Periódico de Savannah"*, leí el anuncio al juez y al jurado y se lo

arrojé al detective que estaba completamente avergonzado por haber tratado de pasar como un experto.

"¡Y con los dos dólares que le pidió prestado a Jones, usted compró este certificado y la insignia!"

El detective quedó completamente desacreditado cuando lo admitió. Nada de lo que él dijo desde ese momento en adelante tuvo ningún efecto en el jurado. En realidad, su comunicación impresionante se había esfumado y estaba apurado por terminar con todo, salir del salón del tribunal y dejar atrás esos rostros disgustados y burlones.

El jurado deliberó en pocos minutos. Su veredicto: "No culpables".

Los muchachos Holmes quedaron libres.

"Ilumíname con tu Espíritu Santo", dijo el doctor Samuel Johnson. Siempre que leo esta oración no puedo evitar pensar en ese juicio que tuvo tanto significado en mi vida, no tan sólo porque pagó una deuda familiar, al salvar una vida por otra; y porque evitó que dos hombres inocentes tuvieran un final vergonzoso; y también por haber hecho justicia a los negros del sur, sino porque desde el principio de mi carrera me enseñó a buscar la ayuda de Dios y pedir que su Santo Espíritu me iluminara.

Durante toda mi carrera he acostumbrado a comenzar el día en los tribunales con un clamor silencioso. No podría imaginar un día de trabajo sin oración.

ℒA TORMENTA DE FUEGO

Joe Stevenson

Hacía calor cuando regresé de la iglesia aquel domingo en una mañana del mes de agosto. El estruendo de una tormenta de truenos y chispas eléctricas estaban sobre los veinticinco mil acres del espacioso terreno virgen detrás de mi casa, que se encuentra a unos doscientos metros de la carretera Mount Rose, cerca de Reno, Nevada.

Yo había tenido una mañana ocupada. Primero había ayudado a mi esposa Janice a cargar el auto para un viaje a Las Vegas, donde ella planeaba visitar a su hermana por una semana y llevar a los niños con ella. Esto significaba que me quedaba solo con nuestra perra B.J. y nuestros dos gatos. Me sentía triste de ver a la familia despedirse, pero al mismo tiempo estaba deseoso de disfrutar una semana llena de paz y soltería. Cualquier esposo comprendería mi sentir.

Después que se fueron, manejé el auto hasta el camino de tierra que llega hasta la carretera principal y hacia la Iglesia Evangélica Libre de Mount Rose donde yo enseñaba a un grupo. Recuerdo el tema de esa mañana, era 1 Corintios.

También recuerdo la sensación de satisfacción que tuve cuando regresé y vi nuestra casa en medio de un mar de arbustos y árboles, haciendo una silueta contra el cielo azul de Nevada. Nos había tomado diez años planearla y dos años construirla. Todos la amábamos. La considerábamos la última casa en la cual viviríamos.

Esa tarde, alrededor de las 2:30, un rayo provocó un fuego en un matorral a unos tres kilómetros de nuestra casa. Yo me preocupé —cualquier fuego en agosto es en extremo peligroso porque la vegetación está muy seca— pero el viento estaba soplando del suroeste, cosa que significaba que el fuego se estaría alejando de nosotros. Mi vecino Tony Brayton, vino a observarlo conmigo. Ambos nos sentimos seguros de que se apagaría antes de llegar a alcanzarnos.

Por pura precaución, cargué algunas pertenencias en el auto. Luego saqué la manguera y comencé a mojar el techo y el piso nuevo de madera que había añadido atrás de la casa. Otras personas en el área estaban vigilando el fuego también. Tres veces sonó el teléfono; eran personas llamando para decirme que estaban orando para que el fuego no nos alcanzara. Había consuelo y ánimo en esto.

Pero abruptamente, alrededor de las 4:45, el viento dio un viraje de 180 grados. El viento del suroeste cambió súbitamente hacia el noroeste. Las llamas se dirigían directamente hacia nosotros.

Tony, quien se había ido diez minutos antes, regresó corriendo. Nos quedamos allí, medio paralizados con lo que veíamos. Lo que había sido un pequeño fuego de matorrales, era ahora una tormenta gigante de fuego rugiendo hacia nosotros, consumiendo todo a su paso en una pared de fuego de quince a treinta pies de alto y de un kilómetro de ancho. Venía a una velocidad increíble, absorbiendo el oxígeno del aire al nivel de la tierra frente a ella y creando tornados de fuego que se lanzaban a cincuenta pies de altura hacia el cielo lleno de humo negro. El sonido del chisporroteo era aterrador. Era como si un demonio gigante se dirigiera a destruirnos y se materializaba de la nada. Bramaba por las colinas, brincando sobre el cañón, sesenta pies de profundidad y cien pies de ancho como si el cañón no hubiera estado allí. Su velocidad era impresionante. En segundos estaría sobre nosotros.

Abrí la puerta y llamé a B.J., pero no había señales de ella y no había tiempo de buscarla. Tony y yo soltamos los caballos y corrimos para salvar nuestras vidas. Mientras corríamos, dije la oración más rápida que despierto y corriendo he dicho en los cuarenta y dos años de mi vida. Dije: "Señor, pongo mi casa y todo lo que hay en ella en Tus manos". Y luego recordando lo que San Pablo dijo sobre la importancia

de dar gracias por todo, bueno o malo, me las arreglé para orar (aunque no me sentía con deseos), "Señor, no importa lo que suceda, te doy gracias por ello y te alabo".

Salté a mi pequeño Omni. Tony se tiró dentro de mi otro auto y manejemos por la carretera hacia la casa de Tony. Recogimos a su esposa, le avisamos a una familia en la tercera casa, y proseguimos la escapada hacia la carretera. Detrás de nostros, el monstruo de fuego arrazaba; rugiendo, silbando, chisporroteando, envolviéndolo todo.

Ya en la carretera, salí de mi auto y me quedé mirando una pared de llamas y fuego. ¿Cómo reaccionas cuando todo por lo que has estado doce años soñando y trabajando, es destruido en diez segundos de fuego consumidor? ¿Maldices? ¿Gritas? ¿Lloras? Otros estaban haciendo esas cosas, pero yo no, porque el pensamiento más importante en mi mente en ese momento era: *Eres un cristiano Joe, así que actúa como tal. Recuerda: "Todas las cosas obran para bien para aquellos que aman a Dios". Alaba a Dios.* Así que le alabé, en voz alta, aunque sé que algunas personas pensaron que estaba loco, o conmocionado o ambas cosas.

Nos quedamos en la carretera durante otros diez minutos más o menos, observando cómo otras casas eran envueltas en llamas, estábamos muy aturdidos para hacer o decir algo. Luego las llamas alcanzaron la carretera donde estábamos y la policía nos dijo que teníamos que movernos montaña abajo. Más tarde, supe que 125 postes de la luz fueron consumidos ese día.

Para ese entonces, algo pasó que resultó ser muy extraño, aunque no nos pareció raro en el momento que sucedió. Mientras caminaba hacia mi auto, un joven con cabello obscuro, vestido con una camiseta y pantalones de mezclilla azules me llamó. "Tú, el de la camisa blanca". Yo no conocía al joven, y en realidad yo tenía una camisa amarillo claro, aunque en ese momento no lo cuestioné. El me miró directamente y dijo: "Yo me subí sobre tu techo y le eché agua". Tony también le escuchó decir esto.

Yo estaba seguro de que se había equivocado de persona, ya que nadie hubiera podido acercarse a mi casa después que me fui. Le di las gracias de todas formas, y no pensé más sobre el asunto.

Luego, ya en el hogar de un amigo en el lago Tajo, pude comunicarme con Janice en casa de su hermana. El tener que decirle que la casa de nuestros sueños se había quemado totalmente era más difícil que el haber visto el fuego. Todo lo que dijo fue: "Gracias a Dios que tú estás bien".

La amenaza de fuego a lo largo de las carreteras hizo imposible el regresar a Reno esa noche. Llamé al departamento de bomberos repetidas veces, pero no pude conseguir ninguna información. En un momento dado llamé a una pareja de la iglesia, Chauncey y Betty Fairchild que podían ver mi casa a través del valle.

"Joe", Chauncey dijo: "Nosotros observamos todo con nuestros binoculares. Cuando vimos las llamas cambiar de dirección y dirigirse hacia tu casa, toda nuestra familia formó un círculo de oración y oramos por tu seguridad y la de tu casa. Y Joe, la casa está en pie".

Le di las gracias, pero no le creí. Quizás, pensé, él podía ver todavía el caparazón de mi casa, pero yo sabía que nada había podido sobrevivir la tormenta de fuego. Mi casa estaba rodeada de matorrales secos y maderas, lo cual mi esposa me había pedido repetidas veces que recogiera y limpiara.

Cuando regresé a la casa un poco después del amanecer de la mañana siguiente, no podía creer lo que veían mis ojos. Esto es lo que encontré: El fuego había quemado lo que había encontrado a escasos diez pies de distancia de la casa, y todo alrededor, *pero nada había pasado adentro*. La casa y su contenido estaban intactos.

La línea de electricidad que alimenta mi casa se había derretido y había caído a tierra a treinta pies de la casa. Las líneas telefónicas que estaban encima de dichos cables estaban fundidas.

Mi jaula de pollos, a cuarenta pies de la casa, estaba chamuscada y caliente, pero los diez pollos estaban vivos.

La perra y los dos gatos estaban sanos. Los gatos estaban afuera, uno en el garaje y el otro en la escalera trasera. La perra estaba adentro, muy contenta de verme.

Un puente, que queda a doscientas yardas de la casa y ni siquiera está en mi propiedad, no fue tocado, mientras que el puente de mi vecino a sólo quince pies de distancia, fue completamente destruido. Sólo los arbustos secos estaban entre ambos.

De las siete casas en mi área, tres fueron completamente destruidas. Todas las otras sufrieron daños, dos de ellas serios. ¿Cómo puedo explicar todo esto? ¿Cómo puedo explicar el hecho de que absolutamente nada de lo que poseo fue tocado por el fuego, ya estuviera en mi propiedad o no? Lo único que puedo decirles es lo que creo.

Yo he sido cristiano casi toda mi vida, pero sé que mi fe no es tan fuerte como debiera ser. Y esto puede que sea cierto para muchas personas que van a la iglesia; sabemos que somos cristianos y pensamos que eso es suficiente. Pero yo creo que hay momentos cuando

Dios desea probar nuestra fe —y reforzarnos—. También creo —aunque no pretendo entenderlo todo— que en ocasiones cuando podemos darle gracias a Dios frente a lo que parece un desastre, y nos ponemos sin reservas en sus manos y no somos obstáculos en su camino, que El puede y hará cosas maravillosas por nosotros.

No hemos exagerado al referirnos a la intensidad del fuego en la mañana del 9 de agosto de 1981. En esa época yo estaba trabajando para el sistema Telefónico Bell de Nevada, así que conozco algo sobre cables. Tuvo que haber tomado por lo menos 1800 grados de calor para derretir esas líneas eléctricas que estaban a treinta pies de altura. Quizás 2000 grados. Y sin embargo, mi casa, a treinta pies de distancia, ni siquiera había sido *marcada*. Para mí esa fue una forma en la que Dios me habló claramente y me dijo: "Estoy aquí, soy real, Yo te cuido". El fortaleció mi fe, porque El sabía que necesitaba ser fortalecida. Nunca más seré negligente en cuanto a mi fe ni dejaré de darle importancia. Luego está el enigma del joven, a quien nunca más he visto. ¿Cómo sabía él quién yo era? ¿Cómo sabía que era mi casa?

Cuando finalmente regresé a mi casa, la manguera que había dejado tirada al salir, sobre el piso de madera del patio, estaba en el techo. Sin embargo Tony y yo salimos por la única vía que no estaba en llamas. ¿Cómo pudo alguien llegar allí sin nosotros verlo? Y si alguien hubiera podido llegar allí, ¿cómo se encaramó en el techo? No hay escalera. Usted simplemente no puede subir a él. Y sabiendo que las líneas eléctricas tuvieron que haber sido la primera cosa que fue destruida, ¿cómo podía fluir el agua a través de una manguera conectada a un pozo eléctrico?

Yo no puedo contestar estas preguntas. Pero quizás —sólo quizás— haya una respuesta en la Biblia. Busque Hebreos 13 y lea el segundo verso. La frase "hospedaron ángeles" sustitúyala con las palabras "fueron rescatados por ángeles". Entonces puede que tenga una idea sobre lo que realmente pasó ese día de agosto en la carretera Mount Rose.

Para mí es algo más que un indicio. Creo que es la verdad.

LOS AGENTES SECRETOS DE DIOS

Billy Graham

Los ángeles, ya sean notados por los hombres o no, están activos en nuestro mundo del siglo veinte. ¿Estamos nosotros conscientes de ellos?

Fue una noche trágica en una ciudad China. Los bandidos habían rodeado el campamento misionero que daba abrigo a cientos de mujeres y niños. La noche anterior, la misionera, la señorita Monsen, había sido recluida en cama con malaria, y los que la rodeaban no dejaban de molestarla con preguntas: "¿Qué vas a hacer cuando los ladrones entren? ¿Cuando comience el tiroteo en el campamento, ¿dónde estarán las promesas en las que has estado confiada? En su libro *1.000 Ilustraciones* (Zondervan, 1960), el señor Al Bryant registra el resultado. La señorita Monsen oró: "Señor, yo le he estado enseñando a estos jóvenes, durante todos estos años que tus promesas son ciertas, y si fracasan ahora, mi boca quedará cerrada para siempre; tendré que regresar a casa". La noche siguiente ella se quedó levantada, ministrándole a refugiados temerosos, animándolos a que oraran y que confiaran que Dios les protegería. Aunque sucedieron cosas terribles a su alrededor, los bandidos dejaron el campamento de la misión sin tocar.

En la mañana, personas de tres vecindarios diferentes le preguntaron a la señorita Monsen: "¿Quiénes eran esas cuatro personas, tres sentadas y una de pie, vigilando calladamente desde el techo de su casa durante toda la noche?" Cuando ella les respondió que no había habido nadie en el techo, se negaron a creerlo, y le respondieron: "¡Los vimos con nuestros propios ojos!" Entonces ella les contó que Dios aún envía ángeles para cuidar a sus hijos en los momentos de peligro.

Nosotros también hemos notado la provisión de ángeles. E inclusive en ocasiones ellos han provisto alimentos, como sabemos que sucedió en la vida de Elías, después de su triunfo sobre los sacerdotes de Baal.

Temeroso, cansado y desanimado, "y echándose debajo del enebro, se quedó dormido; y he aquí luego un ángel le tocó y le dijo: ...Levántate y come" (1 Reyes 19:5-7). Dios nos recuerda: "¿No son todos espíritus ministradores, enviados para servicio a favor de los que serán herederos de la salvación?" (Hebreos 1:14). ¿Acaso tenemos que pensar que esta provisión de ángeles cesó miles de años atrás?

Cuando yo estaba visitando las tropas norteamericanas durante la guerra de Corea, se me informó de un pequeño grupo de marinos de la Primera División que habían quedado atrapados en el norte. Con el termómetro a veinte grados bajo cero, estaban a punto de morir congelados, y no habían tenido nada que comer en los últimos seis días. El rendirse a los chinos parecía su única esperanza de sobrevivir. Pero uno de estos hombres, un cristiano, señaló ciertos versos de la Escritura, y les enseñó a sus compañeros a cantar una canción de alabanza a Dios. Cuando terminaron, escucharon un ruido de algo que chocaba cerca de ellos. Cuando se voltearon para mirar, vieron a un jabalí salvaje corriendo hacia ellos. Mientras trataban de salirse fuera de su paso, de súbito el jabalí se detuvo en seco. Uno de los soldados levantó su rifle para disparar, pero antes que pudiera hacerlo, el jabalí sin ninguna explicación se puso boca arriba. Corrieron para matarlo, pero encontraron que ya estaba muerto. Esa noche ellos tuvieron un banquete con la carne, y comenzaron a recuperar sus fuerzas.

A la mañana siguiente, en el momento de la salida del sol, escucharon otro ruido. El temor de que una patrulla china los hubiese descubierto se disipó de inmediato al encontrarse cara a cara con un coreano que podía hablar inglés. El hombre les dijo: "Les voy a mostrar la salida", y les guió a través del bosque y las montañas hasta un lugar seguro fuera de las líneas enemigas. Cuando levantaron la vista para darle las gracias, no lo hallaron, había desaparecido.

* * *

David dice de los ángeles: "El que habita al abrigo del Altísimo, morará bajo la sombra del Omnipotente.... Pues a sus ángeles mandará acerca de ti, que te guarden en todos tus caminos.... En las manos te llevarán, para que tu pie no tropiece en piedra". (Salmos 91:1, 11, 12).

Mi esposa Ruth cuenta un extraño incidente que sucedió en una librería cristiana de Shanghai, China.

Ella supo de lo sucedido por su padre, el doctor L. Nelson Bell, quien sirvió en el hospital de Tsingkiangpu, provincia de Kiangsu. Era en esta tienda que el doctor Bell compraba las porciones del evangelio y tratados para distribuirlos entre sus pacientes.

El incidente ocurrió en 1942, después que los japoneses tomaron la ciudad de Shanghai. Una mañana alrededor de las nueve, un camión japonés se detuvo afuera de la librería. El camión estaba medio lleno de libros y en él habían cinco marinos. El ayudante de la tienda, un cristiano chino, que estaba solo en ese momento, se dio cuenta con espanto que habían venido a confiscar el inventario. El hombre, tímido por naturaleza, sintió que esto era algo más de lo que él podía soportar.

Los marinos saltaron del camión, se dirigieron a la puerta de la tienda; pero antes que pudieran entrar, un caballero chino bien vestido, entró a la tienda antes que ellos. Aunque el asistente de la tienda conocía prácticamente a todos los clientes chinos que asistían allí, este hombre resultaba ser un perfecto extraño. Por alguna razón incomprensible los soldados parecían no poder entrar al lugar mientras estuviese el visitante adentro, y se quedaron fuera mirando las cuatro grandes vitrinas, pero no entraban. Durante dos horas se quedaron afuera, hasta después de las once, pero nunca pusieron un pie adentro. El extraño preguntó qué querían esos hombres, y el asistente de la tienda china le explicó que los japoneses estaban confiscando mercancía de muchas de las librerías en la ciudad, y ahora le había tocado el turno a esta tienda. Ambos oraron juntos; el extraño visitante le animó, y así pasaron las dos horas. Al final, los soldados subieron en su camión del ejército y se fueron. El extraño también se fue, sin hacer una sola compra y ni siquiera preguntar sobre ningún artículo de la tienda.

Más tarde ese día, el dueño de la tienda, el señor Christopher Willis (cuyo nombre chino era Lee) regresó. El asistente de la tienda le dijo: "Señor Lee, ¿usted cree en ángeles?"

"Yo sí", dijo el señor Willis.

"Yo también, señor Lee". ¿Pudo ese extraño haber sido uno de los ángeles protectores de Dios? El doctor Bell siempre lo creyó así.

¿QUIÉN MOVIÓ LA SILLA?

Barry Rudesill

Jehová lo sustentará sobre el lecho del dolor;...

(Salmo 41:3)

Yo estaba sufriendo uno de mis peores ataques de asma. Era tan malo, que mami me llevó al hospital, donde un doctor me puso una inyección. "Esto es lo mejor que podemos hacer por ti", dijo el doctor.

"Si sigues teniendo problemas en la mañana, regresa inmediatamente".

Esa noche le pedí a mis padres que prepararan el sofá de la sala para dormir en él. No quería mantener a mi hermano despierto; ya que estaba silbando al respirar y echando bocanadas de aire.

Por un largo rato estuve dando vueltas. No tenía las fuerzas para salirme de la cama, así que me quedé allí, escuchando los sonidos de la noche, orando por alivio. Al final llegó el momento cuando mi respiración se calmó y me quedé dormido.

Cuando desperté, mami estaba inclinada sobre mí, sonriendo. "¿Barry, cómo te sientes?"

"Bien", le respondí, respirando profundamente. "Sin problema".
Luego noté una silla que había sido arrastrada hacia el sofá, como si alguien hubiese estado sentado en ella. "¿Papi o tú entraron después de quedarme dormido?", le pregunté.

"No", me dijo mami, "te escuchamos, y parecía que estabas mejorando".

"Entonces, ¿cuándo moviste la silla cerca de mí?"

"¿Por qué preguntas Barry?", respondió ella: "Nosotros no la movimos".

"¡Yo tampoco la moví!", exclamé. "Yo no la hubiera podido mover anoche aunque hubiese querido".

Entonces, recordé cómo me sentía mientras me quedaba dormido. Alguien —sí alguien— estaba sentado a mi lado.

El PERRO BLANCO

Neva Joyce Coil

Dirigí mi auto hasta la entrada, apagué el motor, y abrí la puerta del auto, enfrentándome al viento helado y a la lluvia. Mientras me dirigía a toda prisa hacia la casa, miré hacia la casa del perro, dándome cuenta de que Skipper no había ladrado cuando entraba con mi auto. Miré de nuevo. ¡Skipper no estaba allí! Mi corazón se desplomaba mientras me acercaba para ver mejor. No solamente se había escapado, sino que estaba arrastrando su cadena con él. ¿Por qué de todos los días, ocurre hoy, gruñí para mis adentros, el día más frío del año? Si su cadena se enreda en un arbusto y no se puede zafar, morirá congelado en el lugar, antes que llegue la mañana.

Skipper era nuestro perro que había quedado ciego desde pequeño como resultado de un atomizador con substancia química que le tiraron mientras perseguía una bicicleta. A pesar de su ceguera, él era un compañero maravilloso, un animal muy hermoso e inteligente, y un excelente perro guardián. El cuidaba nuestro hogar con pasión; siempre parecía conocer cuando las pisadas no eran de la familia o amigos. Y siempre podíamos reconocer cuando su ladrido era un saludo amigable o un aviso inminente de que se acercaba un extraño. Yo no podía dejar un amigo tan maravilloso afuera en un día como este.

Nosotros vivimos cerca de Toronto, en el este de Ohio, en cuatro acres de un hermoso bosque. Mi esposo y yo amamos el lugar, donde con cada cambio de la estación del año, Dios practica todas sus habilidades artísticas en los bosques que nos rodean. Pero el invierno puede ser muy crudo.

Entré en la casa y comencé la tarea de buscar una ropa más caliente. Luego llamé por teléfono a mi hija Linda, que vivía en el pueblo, para dejarle saber que iba a salir al bosque. Linda insistió en venir conmigo. Mientras esperaba por su llegada, le escribí una nota a mi esposo diciéndole lo que había sucedido y en qué dirección planeábamos ir. Siempre que vamos al bosque, tenemos por costumbre hacérselo saber a alguien antes de marcharnos.

Vestidas con ropas abrigadas, Linda y yo nos dirigimos en medio de la lluvia helada hacia el bosque que estaba directamente detrás de la casa. Ahora podíamos escuchar a Skipper ladrando, el sonido hacía eco a través del bosque. Parecía estar cerca. Pero sabíamos muy bien que esos sonidos procedían de las colinas, y aunque ellos pueden muy bien venir del sur, usted puede escuchar el eco viniendo del norte. No, no podíamos depender de los sonidos para guiarnos. En la tierra que aún no estaba helada, buscamos otras pistas. Encontramos huellas de venado y muchos otros animales, pero ninguna lo suficientemente grande para compararse con las huellas de las patas de nuestro enorme perro. Nada que nos señalara que Skipper había ni siquiera estado allí. Nos quedamos en el bosque hasta que nuestros abrigos se cubrieron de hielo. Luego con trabajo caminamos por la colina y volvimos a la casa para calentarnos y cambiarnos la ropa por otra seca para el próximo viaje.

En esta ocasión, tomamos el lado este del bosque. Nada. La tercera vez, tomamos el lado oeste. Cada vez, oramos en voz alta y en silencio, "Señor, por favor, ayúdanos a encontrarlo". A medida que el frío penetraba nuestros huesos, nos desanimábamos más y más, pero ambas sabíamos que el darnos por vencidas significaba que para el otro día ya Skipper estaría muerto por congelación. Así que, continuamos caminando. El sonido de sus ladridos nos animó para tratar una vez más. La obscuridad se acercaba y la lluvia se estaba convirtiendo en nevada, cuando decidimos volver a salir.

Podíamos escuchar aún a Skipper ladrando. El estaba comenzando a ponerse ronco, y nosotros orábamos con desesperación: "Dios, por favor ayúdanos a encontrarlo antes que obscurezca".

Nos detuvimos al borde del bosque para determinar qué camino tomar. De momento nos encontramos con un perro blanco, bien grande, el cual nunca había visto antes. Era un animal hermoso, muy parecido a un perro pastor alemán, pero de un color blanco puro.

El perro vino hacia nosotros, luego se detuvo y se quedó allí moviendo su cola. Nosotros nos quedamos mirándolo y tratando de decidir qué hacer. Mientras lo mirábamos, él corrió un tramo corto hacia el bosque, luego regresó al mismo lugar frente a nosotros. Por segunda vez él corrió hacia el bosque y regresó. Después de la tercera vez, Linda dijo: "El está actuando como Lassie lo hace en los programas de la televisión, cuando ella quiere que alguien la siga".

Así que con mucha cautela, nosotros lo seguimos mientras él iba corriendo delante de nosotros, y luego regresaba para estar seguro de que nosotros lo seguíamos. Poco a poco el ladrido de Skipper comenzó a escucharse más y más cerca, hasta que al rodear un grupo de arbustos, lo encontramos delante de nosotros. Toda su piel de pelo largo estaba cubierta de hielo y su cadena estaba enredada en un grupo de arbustos y alrededor de una torre eléctrica. Mientras corríamos hacia Skipper, el gran perro blanco retrocedió, como diciendo: "No se preocupen que no les voy a molestar". Tratamos de mantener la mirada sobre él, mientras trabajábamos fervientemente por zafar la cadena de Skipper, pero luego nos olvidamos completamente de él.

Cuando finalmente pudimos soltar a Skipper, buscamos alrededor por el gran perro blanco; pero no lo encontramos en ningún lugar. El se esfumó de nuestras vidas tan misteriosamente como había entrado en ellas.

Skipper vivió otros cinco años. Una mañana a finales del otoño, después que las hojas de hermoso colorido se habían vuelto obscuras y se habían caído de los árboles, miré por la ventana hacia afuera y Skipper se había ido de nuevo. La cadena estaba allí, en la casa del perro y su collar estaba tendido en la tierra, como si lo hubiesen zafado. Una vez más Linda y yo buscamos por el bosque alrededor de la casa, caminando sobre las hojas que eran casi del mismo color que su hermoso abrigo de piel cubierto de pelo largo.

En mi corazón sabía que en esta ocasión no lo encontraríamos. No había ningún sonido de su ladrido en la distancia, sólo el eco de nuestras voces que regresaban hacia nosotros mientras lo llamábamos. Limpiándonos las lágrimas, hablamos del día en que ese perro blanco había venido y nos había guiado hacia Skipper.

Aun a menudo nos preguntamos: "¿Era un perro, o era un ángel que hizo que nuestros ojos le vieran como perro, porque no hubiéramos seguido a un extraño dentro de un bosque?" Nunca sabremos la respuesta a esa pregunta. Todo lo que sabemos es que nunca antes habíamos visto ese perro blanco, y nunca lo hemos vuelto a ver, pero él vino como una respuesta a nuestras oraciones.

II

Ángeles en guardia

II

ÁNGELES EN GUARDIA

"Dennis", Doug le llamó suavemente, con una voz tranquila. "Dennis, hay un *ángel* aquí. Yo lo puedo ver claramente. Es brillante. Nos está tratando de ayudar".

Dennis Farah tenía nueve años, cuando él y su hermano menor Douglas, quedaron atrapados en una cueva llena de fango. Ellos hubieran muerto ahogados en el fango, si no hubiera sido por el ángel que estaba allí muy cerca de ellos.

De esa forma sucede con los ángeles guardianes —ellos se quedan cerca, esperando por el momento cuando son más necesitados—. Dennis y Doug vieron su ángel, y eso era importante, porque al ver el ángel perdieron el miedo. En ocasiones, como encontrará en las historias a continuación, los ángeles guardianes se revelan a través de una voz, y en otras ocasiones por un empujón rápido. A veces sosteniendo, otras con un abrazo. Y cuando usted lea la historia de Traci Jacobsen, una caída de más de ochenta pies desde un dentado precipicio, conocerá a un adolescente que tiene razones para tomar literalmente el consuelo del Salmo 91:11-12: "Pues a sus ángeles mandará acerca de ti, que te guarden en todos tus caminos. En las manos te llevarán, para que tu pie no tropiece en piedra".

Este es un pasaje en el cual usted también puede encontrar consuelo. En esto y en el conocimiento de que un ángel guardián está sobre su hombro ahora, en este mismo momento, observando.

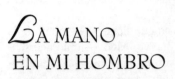

LA MANO EN MI HOMBRO

Jerry Bond

Bien tarde, una noche de marzo de 1974, me
desperté con el sonido de llanto y gritos distan-
tes. Al principio pensé que era una disputa
doméstica, pero una urgencia en las voces me
hizo pensar que podía ser algo más serio. Me levanté
y abrí la ventana. El olor a humo, fuerte y picante,
entró en la habitación. Y las voces, que chillaban con pánico, se
escuchaban claramente a través del aire frío de la noche.

"¡Ayúdenme! ¡Ayúdenme! ¡Mi pequeña hija está adentro!"

Alarmado, me puse el pantalón, tomé una linterna, y seguí el llanto
que se escuchaban en la calle Medlin, a una cuadra y media de
distancia. Allí en la casa de una familia de apellido Green, una casa de
ladrillos, de un solo piso, estaba cubierta en llamas. Un humo negro
salía de las ventanas. Un pequeño grupo de personas se había reunido,
mayormente vecinos y algunos policías. El cuerpo de bomberos no
había llegado aún.

En la obscuridad, con llamaradas anaranjadas y negras, observé con
horror cuando un grupo de hombres trataban de sacar al señor Green,
severamente quemado y en estado de conmoción, a través de una
pequeña ventana cerca de la parte trasera de la casa. Luego vi a la
señora Green y a tres de sus hijos abrazados en el jardín delantero. Sus
rostros reflejaban temor y terror. La señora Green estaba histérica.

"¡Teresa!", gritaba, "¡mi Teresa está aún allí!"

Tengo que hacer algo, pensé. *Tengo que ayudar.* Pero me quedé allí
paralizado, sin poder moverme. La confusión y el pánico me rodeaban,
se convirtieron en parte de mi ser. Toda la atmósfera parecía crujir con
calor y tensión. Yo estaba atemorizado. Una lluvia de chispas furiosas
iluminaban el cielo de la noche a medida que parte de la casa se
derrumbaba, y escuchaba los gritos una vez más de la señora Green.

"Oh Señor", oré. "Por favor ayúdame". Y luego corrí hacia la casa
forzando la primera ventana disponible para poder entrar. Una vez

adentro, casi no podía ver. Mi corazón latía como un tambor. Todo era obscuridad y humo.

Caminé a tientas hacia adelante hasta que llegué a la mitad de la habitación. Luego, abruptamente, me detuve. Algo —como una sensación fuerte y extraña— me dijo que estaba en la habitación equivocada. *¡Estás equivocado!*, parecía decirme. *¡Aquí no es donde la vas a encontrar!* El sentimiento era tan fuerte que no podía quitármelo de adentro. Y luego, sentí en mi hombro, una mano fuerte y segura que me regresaba hacia la ventana.

"¡Sal de aquí!", le grité, temiendo por la seguridad de la otra persona. Me viré para seguirle, pero no había nadie allí. Sólo estaba yo, a solas, temblando.

Buscando aire, me dirigí hacia la ventana, me impulsé y me tiré a la tierra. Miré hacia arriba para ver los ojos ansiosos y desesperados de la señora Green buscando en los míos algún tipo de consuelo. Al no encontrar ninguno, ella señaló frenéticamente hacia otra ventana.

"Allí", me gritó enronquecida. "Entre allí".

La ventana estaba a unos pocos pies de altura del piso. Alguien me dio un empujón y me lancé hacia adentro tirándome en el piso. Esta habitación también estaba obscura y humeante. Mis ojos estaban irritados. Apenas podía ver a un brazo de distancia.

"Oh Señor", oré de nuevo, "por favor ayúdame".

Lo próximo que sucedió me dejó asombrado por un momento. Primero, como respuesta a mis oraciones, sentí una oleada de confianza de que estaba en el lugar correcto, de que encontraría a Teresa. Y luego, para mi asombro, sentí de regreso la fuerza firme en mi hombro que me había sacado de la otra habitación. En esta ocasión, sin embargo, era aun más fuerte y parecía empujarme hacia el suelo. Aunque no entendía lo que estaba sucediendo, no la combatí. De forma instintiva, dejé que tomara control. Su presencia me calmaba y confortaba. Sabía que era buena.

Me relajé y me dejé empujar hacia el suelo. Comencé a gatear, siguiendo la pared, con los brazos extendidos, avanzando y palpando. Llegué a una cama y me levanté para tocar su superficie desordenada. *¡NO!*, una voz parecía avisarme. *¡Manténte abajo!* Regresé a mi posición anterior, y continué gateando. No había encontrado nada en la cama. *No te preocupes,* la voz susurró. *Ya estás llegando. No te preocupes.*

A los pies de la cama había una pila de sillas rotas, colchas, sábanas que parecían haber sido tiradas al suelo por alguien sacudido por el pánico. Buscando profundamente dentro del laberinto de cosas, encontré lo que estaba buscando, un brazo, una pierna, era imposible de decir —pero sabía que había encontrado a Teresa—. Halé y halé hasta que finalmente salió, un bulto pequeño de pelo castaño. Ella estaba muy quemada.

"¿Teresa?", susurré.

Un suspiro estremecedor, casi imperceptible confirmó que estaba viva. La tiré sobre mis hombros y corrí hacia la ventana.

El grupo afuera miraba en silencio mientras colocaba a Teresa suavemente en el piso y comencé a administrarle respiración de boca a boca. Su pequeño rostro, negro con quemadas y hollín, no tenía expresión. Las luces azules de los carros de la policía titilaban en la obscuridad. A medida que le daba respiración artificial a la pequeña, oré porque sobreviviera. El sonido de las sirenas y el reflejo de las luces rojas anunciaron la llegada del camión de bomberos. Yo continué orando y dándole respiración. Escuché los gritos del jefe de bomberos dando órdenes a través de su micrófono, y luego escuché cuando abrían la puerta delantera a patadas. El fuego se avivó por la entrada de oxígeno fresco y crujía con fuerza abrasadora. Los ojos de Teresa se agitaron. Ella estaba respirando por sí misma. La sostuve hasta que la ambulancia llegó.

"Parece que la sacaste justo a tiempo", dijo el médico, a medida que la tomaba de mis brazos. "Ella está bastante quemada, pero se va a recuperar".

Esperé a que la ambulancia se fuera, y luego regresé a casa.

No pude dormir aquella noche; temblando por la experiencia, plagado del olor a piel quemada y el recuerdo de los gritos aterradores. Más que ninguna otra cosa, yo estaba completamente desconcertado por la presencia misteriosa que me había guiado hasta la pequeña niña. Yo siempre había tenido fe en Dios y en el poder de la oración, pero este tipo de intervención parecía misteriosa, abrumadora para mí. La experiencia era demasiado fuerte para comprenderla, pero no podía alejarla de mi mente. Me mantuvo despierto toda la noche.

A las 7:00 A.M. me puse un abrigo y zapatos y regresé a la escena del fuego. La casa, un grupo de ladrillos que estaban destrozados y ennegrecidos, estaba aún humeando. Los esqueletos de muebles quemados estaban esparcidos alrededor del jardín delantero. El inspector de incendios estaba allí con unos cuantos policías. Me preguntó qué estaba haciendo allí. Yo le conté. El dijo que las llamas habían sido ocasionadas probablemente por un cigarrillo prendido dejado del sofá de la sala.

Fui a la habitación donde había encontrado a Teresa. Como el resto de la casa, estaba carbonizada y negra a causa del humo. Las paredes estaban infladas por el calor tan intenso. En una esquina descansaban los restos de una raqueta de tenis derretida.

Lentamente giré para observar alrededor de la habitación totalmente destruida, y de pronto me detuve, paralizado, con mis ojos fijos en la pared. Allí, directamente en el lugar donde yo había encontrado a Teresa, había un retrato, colgado en el lugar correcto y curiosamente, era el único objeto en la habitación que no había sido dañado por el fuego. El cuadro, por supuesto, estaba cubierto de hollín, pero el rostro, con aquella calma, firmeza y lleno de confianza, estaba claro y sin dañar.

Era el rostro de Jesús. Hasta este día, yo no sé cuánto tiempo estuve allí de pie, devolviendo la mirada del cuadro y sin poderlo creer. Pero cuando me fui, salí de allí con un nuevo entendimiento y dándole gracias a Dios.

LA MANO DE PAPI

Macy Krupicka

Cuando yo tenía seis años vivíamos en la ciudad de Oklahoma, en un barrio donde por la noche siempre manteníamos las puertas cerradas con pestillos. Para salir por la puerta trasera, papi tenía una llave especial que abría la cerradura desde adentro.

Una noche me despertó súbitamente el sonido de rayos y relámpagos y una lluvia torrencial. Corrí por el pasillo hacia la habitación de mis padres, pero me detuvieron unas oleadas de humo y llamas que salían de la sala. Había caído un rayo en nuestra casa.

¿Tenía que salir, pero cómo? Yo no podía salir por la puerta delantera por causa de las llamas, y la puerta trasera estaba cerrada.

Al borde del pánico, me calmé cuando en la obscuridad sentí la cálida mano de mi papi guiándome por el pasillo a través de la puerta trasera hacia el patio. Mientras estaba de pie bajo la lluvia torrencial, su mano soltó la mía y ya no estaba. Temerosa, regresé a la casa. Allí estaba mami llamándome por mi nombre, "¡Macy! ¡Macy!"

"Aquí", le dije. Ella salió hacia donde yo estaba, y juntas fuimos hacia el frente de la casa, donde encontramos a papi con Kent, el bebé, y mi hermanita de tres años, Amy.

"Estás bien, Macy", me dijo él, con señal de alivio. Papi me dijo que había tratado de llegar hasta donde yo estaba, pero no había podido cruzar las llamas. El no me había guiado por el pasillo, ni había abierto la cerradura de la puerta trasera.

Esto fue hace doce años y desde entonces nunca he olvidado la mano cálida que me guió aquella vez, y me guía ahora, a través de la obscuridad.

$\mathcal{Y}$O TENGO UN ÁNGEL VIVO Y REAL

Gloria Farah

Hoy, las riberas del río en La Paz, Bolivia, donde nuestros pequeños hijos, Douglas y Dennis, casi perdieron la vida está cubierta con viñedos; pero en ese día funesto de mayo de 1965, el torrente de agua había sido cortado porque una nueva tubería de desagüe iba a ser instalada.

Toda la familia amaba la selva donde estaba nuestra sede general —la amábamos principalmente por las amistades que habíamos hecho en el lugar—. Habíamos comenzado la obra en este remoto lugar, con otra docena de familias que traducían la Biblia Wycliffe. Juntos encarábamos terribles desventajas; luchas contra la indiferencia y hostilidad mientras tratábamos de traducir la Biblia en los lenguajes de las tribus locales; y también contra los mosquitos, parásitos y serpientes venenosas al tratar de hacer de esa selva nuestro hogar.

Debido a nuestro trabajo como traductores, estábamos sumergidos día y noche en la Biblia. Y a través de los meses, algo extraño sucedió. La Biblia comenzó a *cobrar vida*. En vez de ser un antiguo libro de historias sagradas; la Biblia comenzó a ser una experiencia. Descubrimos que podíamos orar por los enfermos y éstos sanaban. Experimentamos el hecho del poder de Cristo sobre el mal y en nuestras propia familia llegamos a comprobar por nosotros mismos cuán real era la presencia del ángel guardián de los niños. Jesús nos dice que los ángeles de los niños están en los cielos, siempre mirando el rostro del Padre (Mateo 18:10). Cuán importante vino a ser este hecho para nosotros.

Nuestro hijo Doug tenía siete años de edad y su hermano mayor Dennis nueve en esa primavera. Recuerdo cómo, la noche antes del accidente, mi esposo, David, estaba acostando los niños cuando Doug se sentó de nuevo en la cama.

"Papi, ¿podemos excavar una cueva con nuestros cuchillos?"

David no vio ninguna razón para decir que no: ¿Cómo dos niños pequeños podrían excavar una cueva con cuchillos de bolsillos? "Claro que puedes, Doug".

Por supuesto, que no fue hasta semanas más tarde que pudimos unir los pedazos de todo lo sucedido el día siguiente. Doug y su hermano mayor estaban jugando a los piratas con algunos de los otros niños de los misioneros. Ellos cavaron una cueva en la tierra, luego la mayoría de los piratas se fueron a nadar, dejando solamente a Doug, a Dennis y a un amigo llamado Mark en la entrada de la cueva.

Doug vio a su hermano meter la cabeza y los hombros en la boca de la cueva —a pesar de todo lo que hicieron, el túnel había ido tan sólo unos cuantos pies dentro del barro seco de la orilla. Doug escuchó la voz de Dennis llamándolo de adentro de la cueva: "Entra".

Doug comenzó a gatear hacia adentro. Un nido de hormigas rojas habían sido perturbadas, pero los niños ignoraban eso.

Luego, sin aviso alguno, el barro seco se zafó. En un instante la orilla mojada cedió silenciosamente sobre nuestros dos niños y los atrapó bajo su sofocante masa.

Marcos estaba también cubierto, pero se liberó rápidamente y comenzó a gritar y a cavar con sus manos."¡Dennis! ¡Doug! ¿Dónde están?"

No había ninguna respuesta, ni movimiento. Mark comenzó a gritar por ayuda.

Dentro de la cueva, Doug había sido tirado de un golpe sobre su pecho. Su rostro estaba aplastado contra la tierra, pero pequeñas bolsas de aire le ayudaron a respirar.

"Dennis, ¿puedes oírme?"

Parecía que no lo había escuchado, pero sintió un leve movimiento debajo de él. "Dennis", dijo Doug de nuevo. "No puedo moverme. ¡No puedo respirar!"

Entonces sintió otro movimiento. Una hormiga subió a su rostro, luego otra. La primera picada vino. Fue sobre su párpado.

"Dennis, no puedo hablar... se está yendo el aire".

Las hormigas lo estaban cubriendo completamente. "Dennis, yo creo que quizás nos vamos a morir". El comenzó a luchar. La tierra llenaba su boca.

Y entonces Douglas dejó de hablar. El inclusive dejó de luchar por aire. Porque allí, junto a él, estaba un ángel. A su lado, fuerte y brillante.

"¡Dennis!", Doug le llamó suavemente, con voz relajada. "Dennis, hay un *ángel* aquí. Lo puedo ver claramente. Es brillante. Está tratando de ayudarnos". Doug sintió un movimiento muy leve.

"El no está haciendo nada. Pero Dennis... si morimos ahora... no es tan malo.." Doug perdió el conocimiento.

Mientras tanto Mark llegó a nuestra casa gritando que Dennis y Doug estaban enterrados. David estaba en la jungla, pero yo corrí hacia el derrumbe. Los hombres me siguieron con picos y palas.

El resbaladero estaba suave como el castillo de arena de un niño que se hubiera derrumbado. Los hombres comenzaron a tantear la tierra mojada con palos.

"Rápido Mark", le rogué, "muéstrale a los hombres dónde excavar".

Mark se precipitó a la orilla. Se detuvo, mirando alrededor. Luego dijo: "¡Allí!", y señaló a un punto donde la tierra se había deslizado. Los hombres brincaron hacia allá. Segundos más tardes una de la palas tocó algo suave. Otros segundos más y la espalda y piernas de Doug eran liberadas. Fuertes brazos lo halaron de la tierra. La forma de Dennis apareció debajo de él.

Ninguno de los muchachos estaba respirando. Su piel estaba azul. Sus cuerpos, que lucían tan terriblemente pequeños fueron colocados sobre la tierra roja. Alguien comenzó a orar. Otra persona corrió por oxígeno de la base aérea.

Luego Douglas se movió. Un momento más tarde Dennis se sacudió. El oxígeno llegó. Se lo dimos primero a Dennis luego a Douglas.

"¡Mami!", exclamó Douglas tan pronto como pudo abrir los ojos, "¿sabes lo que vi?, un ángel".

"Shh, cariño. No trates de hablar".

Un día después, al mediodía, el doctor permitió que los niños se levantaran. El nos dijo: "Dos minutos más, y la falta de oxígeno hubiera dañado el cerebro de los niños. Y debido a que no perdieron sus fuerzas en la lucha, ellos retuvieron la suficiente cantidad de oxígeno para atravesar la experiencia sin daño. Y la razón por la cual no continuaron luchando, todos la sabíamos, fue el ángel —el ángel que no permitió que ellos tuvieran miedo.

Doug se jactaba sobre sus amigos todo ese día y por varios días seguidos. *"Yo tengo un ángel real y vivo"*, les repetía Douglas, hasta que finalmente su amigo Mark se cansó.

"Oh, deja de jactarte, Douglas. ¡Todo el mundo tiene un ángel guardián!"

Y por supuesto, lo maravilloso es que Mark tiene razón.

Єn brazos amorosos

Deborah C. Jacobson

El auditorio se llenó del eco de la interpretación musical "Pompones y circunstancias" que tocaba la banda, mientras que el grupo de graduandos de 1989 entraba de dos en dos en el auditorio. Mi pecho se hinchó mientras reconocía a cada una de las amigas de mi hija caminando con orgullo con sus togas y sombreros azules.

Y entonces, la vi a ella. Lágrimas nublaron mis ojos y el temor casi me hace perder mi compostura mientras observaba a Traci mi hija, una joven usualmente activa, ser empujada hacia el frente de la clase en su silla del hospital.

Mis pensamientos me llevaron a tan sólo dos días atrás, cuando ella corría por toda la casa, preparándose para asistir a la esperada noche campestre de cuarto año.

El lugar designado era un campamento en un bosque remoto, en lo alto de las montañas Cascade. Con una elevación de aproximadamente mil metros y una temperatura promedio para finales de la primavera de 5 a 10 grados en la noche, incluyendo la posibilidad de lluvia fría o nieve, pero esto no empañó el espíritu de los determinados campistas.

Mientras se preparaba para salir, la llené de todos los consejos que no necesitaba oír, pero que yo necesitaba decir.

"Maneja con cuidado. No pongas tu tienda de campaña muy cerca de la fogata. No salgas a caminar fuera del campamento sola. Y (mientras le ponía una sábana adicional en sus manos) que te diviertas mucho querida".

Con una sonrisa y entrecerrando sus ojos, me dio un beso de despedida, asegurándome que ella era "toda una señorita" y prometiéndome ser cuidadosa.

Yo sabía que Traci era una joven responsable, pero el sueño no iba a rendirme fácilmente esa noche. Leí por un rato tratando de adormecerme. De momento, sentí una fuerte necesidad de orar por mi hija y sus amigas. Echando una mirada al reloj de mi mesita de noche, vi que eran las 12:15 A.M.. A medida que oraba, mi inquietud se alejó y con confianza renovada de que estaban en las manos de Dios, finalmente me dormí.

Una hora más tarde sonó el teléfono. Mi esposo contestó.

"¿Acepta una llamada con cargos a pagar de Pam?", preguntó la operadora. Pam es la mejor amiga de Traci y sabíamos que estaban juntas.

"Hola, Darwin, te habla Pam", dijo ella con voz temblorosa. "Traci está bien, se hirió la pierna pero creo que no se la rompió. Fue un accidente y la ambulancia ya la condujo al hospital Valley General".

A medida que se vestía, mi esposo me comunicó el mensaje y salió inmediatamente hacia el hospital. Yo me quedé en casa con nuestros otros dos hijos menores.

El silencio parecía cerrarse a mi alrededor mientras miraba el reloj y esperaba la llamada de mi esposo, orando todo el tiempo y diciéndome a mí misma que confiara en Dios y no me preocupara. No podía cerrar los ojos hasta que nuestra Traci estuviese segura en casa, así que tomé mi Biblia, esperando encontrar algún consuelo, y la abrí al azar en Jeremías 30:17 (BLA): "Porque yo te devolveré la salud y te sanaré de tus heridas" —declara el Señor.

Mientras leía esas palabras, una profunda calma llenó todo mi ser. Yo sabía que en ese pasaje en particular Dios le estaba diciendo a Jeremías sobre el pueblo de Israel y Judá, pero en ese momento supe que Dios estaba hablándome a mí sobre mi hija y sus heridas. *¿Con qué otra razón,* me preguntaba, *me llevaría El a este pasaje?*

Al fin llegó la llamada de mi esposo, y me pareció que habían pasado muchas horas. Traci no tenía ningún hueso roto, sólo un pequeño golpe. Le habían dado cuatro puntos en la cabeza y tenía algunas cortaduras. El la traería a casa.

"Gracias Dios mío", oré.

Alrededor de las 4:00 A.M. mi esposo cargó a mi hija golpeada, pero sin fracturas a su habitación, y juntos, la pusimos en la cama. El me dijo que el doctor del salón de emergencia estaba preocupado por el dolor tan fuerte que Traci estaba sintiendo en su pierna izquierda, y nos había dado el número de teléfono de un especialista en ortopedia con la instrucción específica de llamarlo tan pronto la oficina abriera en la mañana.

Agradecida de que mi "hija mayor" estaba segura en casa, con ternura le besé su frente lastimada y le pregunté: "¿Qué pasó?"

"No estoy segura, mami", me dijo con una mirada de dolor y confusión. "Ryan tomó su triciclo y le estaba dando un paseo a todo el mundo de un lado a otro de una carretera vieja de tierra.

Estaba obscuro y la carretera era estrecha con un precipicio a un lado. En realidad íbamos bastante despacio debido a la obscuridad. Cuando regresábamos por una esquina empinada algo le sucedió a la bicicleta. Pam me dijo que todos pensaron que la goma delantera explotó; pero todo lo que supe era que en un minuto estaba en la parte trasera de la bicicleta y el próximo estaba volando por el aire. Era tan obscuro que no podía ver nada. No podía detenerme, todo era rocas y aire. No había nada que me detuviera, mami. Yo sabía que iba a seguir cayendo y cayendo hasta que tocara el fondo. Entonces sucedió algo. Y mientras seguía cayendo choqué con las rocas de nuevo, pero esta vez cuando reboté hacia arriba, alguien me agarró".

"¿Quién?", le pregunté.

"Yo no sé quién fue, mami. Yo no podía *ver* a nadie, pero los *sentía*. Yo sé que suena raro, pero alguien me tomó en el aire. Ellos me sujetaron, y me sostuvieron en sus manos por un momento, luego me depositaron en las rocas como si me estuviesen poniendo sobre mi cama".

Mientras esperaba que la medicina para el dolor hiciera efecto para dejarla dormida, lo único que podía pensar era lo agradecida que estaba de que Traci y Ryan estuviesen vivos. Mi esposo me dijo que el precipicio donde se volcaron, tenía cincuenta metros de profundidad, con rocas sobresaliendo a lo largo de la orilla. Ryan cayó hasta el fondo con la bicicleta, sufriendo solamente pequeñas cortaduras y golpes; Traci cayó justo a la mitad del camino.

No fue hasta que regresé a mi cama que recordé las palabras de mi oración de esa mañana. A las 12:15, justo alrededor de la misma hora que estaba sucediendo el accidente, yo había orado estas palabras, "Amado Señor, por favor cuida a mi Traci y a sus amigas. Sosténlas en tus amorosos brazos y manténles a todos a salvo".

"Gracias Dios mío", susurré una vez más mientras cerraba mis ojos.

A la mañana siguiente, cuando llamé al especialista, supe que el doctor del salón de emergencia ya le había hablado sobre Traci, y él deseaba verla tan pronto como pudiéramos llevarla. El diagnosticó el síndrome de compartimiento, una rápida inflamación de los tejidos que puede causar daños irreversibles a los nervios —como resultado de un golpe severo a su pierna izquierda. El dijo que la operaría esa misma mañana.

Después de salir de la anestesia, lo único en que Traci podía pensar era en la graduación la noche siguiente. Ella estaba tan triste, que su doctor nos dijo que la dejaría salir por dos horas, y nos aseguró que no habría problema.

El sonido de los aplausos me sacó de mis pensamientos y me trajo de nuevo a la ceremonia. Madres y padres, familiares y amigos aplaudían a medida que el nombre de los graduandos era anunciado. Mientras aplaudíamos a Traci y observábamos cuando recibía el diploma en su silla de ruedas, me di cuenta de que este era el momento para dejarla sola. Ahora, ella ya era realmente una "señorita", y muy pronto se independizaría.

Con un nudo en mi garganta, cerré mis ojos y oré en silencio. "Gracias, Dios mío, por mostrarme que aun cuando tengo que soltar la mano de mis hijos, puedo descansar en el conocimiento de que ellos siempre estarán rodeados de tus amorosos brazos".

Traci pasó ocho largos días en el hospital. Ella no recuerda mucho sobre su graduación, estaba muy aturdida con las medicinas para el dolor, pero conserva la cinta de video que su tía le tomó.

Realmente creo que fue Dios quien ayudó a mi hija en esa montaña obscura, y creo que El continuó sosteniéndola mientras fue atendida por tres médicos especialistas.

Las instrucciones llenas de preocupación del doctor de la sala de emergencia y el rápido diagnóstico de operar del cirujano ortopédico, evitaron que ella sufriera daños irreparables en los nervios. Inclusive el cirujano que reconstruyó la pierna pudo cerrar la larga incisión desde la rodilla hasta el tobillo sin hacer ningún injerto, gracias a las manos hábiles y cuidadosas del cirujano ortopédico.

Hoy, Traci disfruta del uso completo de su pierna, con la única molestia de un pequeño adormecimiento en un dedo.

$\mathcal{E}$sas manos gentiles

Joanna Rhodes Hall

Por años yo había dejado
de pensar en esa joven enfermera de ojos azules,
hasta ese domingo en la
tarde cuando mi nieto
Brandon, deseaba conocer
sobre su ángel guardián.
La conversación comenzó
debido a un regalo que yo le había
hecho —el cuadro de un ángel suspen-
dido sobre un niñito y una niñita que
están cruzando un puente viejo de
madera que parece muy peligroso. Yo
compartí con él Hebreos 1:14 (BD)
"Porque los ángeles son tan sólo
espíritus mensajeros que Dios envía a
ayudar y a cuidar a los que han de recibir la
salvación".

"Tú tienes un ángel cuidándote", le dije.

Brandon realmente se emocionó e inmediatamente deseaba darle a su ángel un nombre. Mientras
manejaba para llevarlo a su casa esa tarde, él sostu-
vo fuertemente su "cuadro del ángel", como le llamaba, y corrió hacia
la casa para decirle a su mamá que él tenía un ángel que le guardaba,
que cuidaba sus pasos.

Más tarde esa noche yo pensé en *mi* ángel y recordé la sensación de
unas manos que suavemente y con gentileza se posaron sobre mi cara
—la primera vez hace casi veinte años—. Yo iba a dar a luz a mi sexto
hijo. Teníamos cinco hijas preciosas y estábamos orando por un varón.
Había sido un parto largo y difícil para una mujer de treinta y cinco
años de edad, y había llegado el momento de ser llevada a la habitación
de parto, donde me transfirieron con cuidado a la cama con unos
artefactos para poner los pies. "*¿Por qué estoy tan sensible?*", recuerdo
haber pensado. "*Yo he pasado por esto cinco veces, así que esto no es*

nuevo para mí. ¿Por qué está la habitación de parto tan fría?" Todas las luces brillantes estaban puestas sobre mí, pero ellas daban sólo luz, no calor. Las enfermeras bien entrenadas y el personal del hospital estaban apurados preparándose para el nacimiento de mi hijo. Pero yo tenía miedo.

Cerré mis ojos fuertemente con la esperanza de detener el dolor y el temor —y sentí un paño frío que caía sobre mi frente y una palmadita suave en el costado de mi cabeza—. Yo nunca había sentido tanta gentileza en toda mi vida. Lentamente abrí los ojos y contemplé un rostro enmascarado con los ojos azules más claros que haya visto en mi vida. Durante el parto, ella nunca se movió de la cabecera de mi cama. Cuando el dolor se intensificó sus manos frías golpeaban suavemente mi rostro o mi cabeza. Ella nunca habló una palabra y yo nunca vi su rostro sin la máscara.

A la 1:30 P.M. del día 13 de marzo de 1971, di a luz a un varón de nueve libras y tres onzas. Pero mi gozo fue por corto tiempo. Mientras la enfermera ponía a mi hijo en mis brazos, yo vi un rostro rojo que no estaba perfectamente formado. Su pequeña nariz estaba completamente aplastada y su labio superior tenía un hueco grande en él. Este precioso don de Dios había nacido con un labio y paladar leporino. A medida que me salían las lágrimas por el borde de mis ojos, sentí unas lágrimas tibias cayendo en mi cabeza. Pero esta vez sentí unas palmaditas, como una madre cuando toca suavemente a su hijo para consolarlo cuando éste, está a punto de quedarse dormido.

Mientras me sacaban del salón de parto, miré hacia atrás, haciendo un rápido inventario de la habitación. Deseaba escribirle una nota dando las gracias a mi nueva amiga tan especial. Pero no pude verla. Como tampoco pude ver a la enfermera con los ojos azules de nuevo. Le pregunté a todo el mundo quién era ella, pero nadie parecía recordar a una enfermera en la cabecera de mi cama. Inclusive pedí ver la enfermera encargada del turno ese día en el salón de parto. Ella dijo que con lo escaso de personal que estaban en ese turno, era imposible que una enfermera estuviese de pie sin hacer nada. Quizás ella no fue visible para nadie más, pero yo sé que ella estaba allí conmigo ese día. Aunque nunca más la he vuelto a ver, he sentido su presencia. Mi hijo Neal, tuvo muchas operaciones para corregir su labio y paladar leporino. Tuvo numerosas infecciones de oído, fiebre alta, y muchas noches sin dormir. En las noches que yo mecía y cantaba a mi hijo, sentí esas mismas manos suaves en mi cabeza.

Hace unos meses tuve que ser operada. Una vez más tuve ese sentimiento de inquietud mientras me llevaban silenciosamente por el corredor hacia la sala de cirugía. A medida que la anestesia comenzó a hacer efecto, y cuando me estaba quedando dormida, sentí esas manos suaves en mi cabeza. Traté fuertemente de abrir los ojos, deseando ver esos ojos claros y azules una vez más, pero ya estaba muy soñolienta, y mis ojos no se abrieron.

En el salón de recuperación, mi primer pensamiento consciente fue el de mi amiga. ¿Recuerda haber tenido alguna vez una pesadilla y tener miedo de abrir los ojos? Y luego su madre le toma en sus brazos, le mece, y le sostiene cerca de ella. Así fue como yo me sentí ese día, mientras despertaba del sueño de la anestesia. Mi amiga estaba aún allí.

Estoy tan feliz de haber encontrado ese cuadro del ángel guardián cuidando al niño y la niña y también de haber podido dárselo a mi nieto mayor. Porque para un niño despierto, de cinco años, una foto vale mil palabras. Y para mí, trae a mi memoria el recuerdo de unas manos suaves.

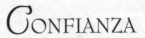

CONFIANZA

Querido Señor:

¿Podrías enviarme algunos ángeles guardianes
      para traer paz a mi mente mientras mis
      hijos están lejos de mí y estiran los lazos
      que nos unen?

      Tú tienes legiones celestiales, Padre.
      ¿Podrías enviarme sólo algunas
      para guiar a mis ansiosos pequeñitos
      Mientras te los doy, Señor, a Ti?

      Oh gracias, gracias, Padre,
      Y, mi corazón gozoso canta.
¡Estoy segura de que acabo de escuchar
El ruido de alas al pasar!

Betty Banner

$\mathcal{E}$N LA PARTE DE ATRÁS DEL CAMIÓN

Marion Bond West

Ser una viuda con varones adolescentes era más difícil de lo que esperaba. Mis hijos estaban resentidos de que yo estuviera en control de todo. En ocasiones yo también lo estaba.

Una tarde, al anochecer uno de mis hijos anunció que iba a una fiesta que él sabía yo no aprobaría. Le dije que no podía ir. "Yo voy de todas formas", respondió Jon desafiante. Yo estaba tan cansada de discutir —entonces recordé la promesa de Dios de ser esposo de las viudas—. Le pedí en silencio que me ayudara y en ese momento creo que entendí las instrucciones que llegaron a mi corazón. Corrí al portal delantero, con un gesto de mi mano despedí con alegría a mi hijo y le grité: "¡Estoy poniendo algunos ángeles en la parte de atrás de tu camión, Jon!"

El se inclinó por la ventana. "¿Puedes hacer eso?", preguntó con sarcasmo, pero yo caminé de regreso a la cocina y disfruté de la sensación de saber que ya *no* estaba en control. ¡Dios se traía algo entre manos! Jon regresó a la casa al poco tiempo y se detuvo en la cocina mirando lo que yo cocinaba. Finalmente, me dijo: "Decidí no ir a la fiesta. ¿Qué hay de comida?"

Me controlé para no saltar de alegría por toda la cocina. Después de una comida agradable, Jon dijo, medio en serio, medio sonriendo, "Mamá, yo soy probablemente el único muchacho en Georgia con ángeles atrás de su camión. ¿Podrías... harías los arreglos para que ellos se fueran ahora?" El contacto de sus ojos era agradable, su voz suave.

"Claro", le respondí sonriendo. Me quité el delantal y caminé hacia el balcón, como si yo despachara ángeles como una rutina diaria. Jon me siguió. Saludé con la mano hacia el camión. "Muchas gracias. Esto será todo por ahora. Adiós".

La caída

Charles A. Leggett

"Yo sentí el sonido de las alas de los ángeles".

Durante mi etapa de crecimiento, escuché a mis padres recitar estas palabras familiares siempre que algún milagro inesperado ocurría o una tragedia cercana era evitada. Pero en realidad nunca supe su verdadero significado hasta mi segundo año de universidad. Yo asistía al Instituto Militar de Virginia, una universidad pequeña anidada en el Valle de Shenandoah, en Virginia. Durante el mes de septiembre de mi tercer año de clases, el tiempo estaba aún muy agradable, así que un domingo en la tarde un grupo pequeño de amigos y yo decidimos ir a escalar a unos peñascos cercanos.

Llegamos a los peñascos después de almuerzo y preparamos nuestras cuerdas. Los peñascos tenían alrededor de cuarenta metros de altura, y miraban al río Maury. El área del terreno que escogimos estaba a unos treinta metros por debajo de la punta del peñasco, y aparejamos una línea de seguridad por unos de los lados que nos guiaba hasta la cumbre. Luego decidí lucirme un poco. Dejando la cuerda de seguridad, crucé el área de aterrizaje y comencé a subir el peñasco por mí mismo. Como la mayoría de los estudiantes universitarios de mi edad, yo no había pensado mucho sobre la posibilidad de morir, así que no tuve la precaución de subir con mi cuerda de seguridad ni con ninguna otra parte de mi equipo. Debí pensarlo mejor, porque había estado escalando varias veces antes. Sin embargo la idea de caerme nunca pasó por mi mente.

Comencé a subir por un peñasco, moviéndome despacio hacia arriba, encontrando dónde poner mis pies y mis manos a medida que subía. Había llegado a unos cinco pies de la cumbre y estaba en el proceso de buscar el hueco con mi mano, cuando sentí que el pequeño borde de donde me sostenía con los pies, se desmoronaba y caía, dejándome sostenido por una mano de una pequeña roca que sobresalía. Desesperadamente traté de encontrar otro asidero pero entonces la roca de donde me aguantaba se rompió y sentí cómo comenzaba a caer. Justo en el momento en que empecé a perder el sentido, me pareció sentir una *mano* que sujetaba mi brazo. Luego perdí el conocimiento.

Cuando recobré el conocimiento, por lo menos habían pasado de cinco a diez minutos. Poco a poco comencé a darme cuenta de lo que me rodeaba, y pude notar que estaba sentado en un borde con mi espalda hacia el peñasco, a menos de 6 metros sobre el río. Mi pierna derecha estaba doblada de forma dolorosa debajo de mi cuerpo, y yo estaba cubierto de rasguños, pero por lo demás no estaba herido. Me volví para ver el frente del peñasco y encontré el lugar de donde me había caído. ¡Tenía más de treinta metros de altura! En mi caída, mi cuerpo no solamente se había virado de una posición dirigida hacia el peñasco en donde iba a dar de espalda, sino que también había caído unos cinco metros en forma diagonal a lo largo del peñasco, ¡y había caído .... sentado! Vagamente comencé a escuchar a mis amigos llamando mi nombre. Lentamente y con mucho cuidado me moví desde donde estaba hasta el área de aterrizaje, y luego con la cuerda de seguridad hasta el tope.

Mis amigos estaban anonadados cuando les dije lo que había pasado. Ninguno de ellos pudo dar una explicación lógica para mi aterrizaje seguro. Pero yo nunca he dudado y esta es la explicación. Yo fui criado en un hogar cristiano y siempre he creído en la presencia de los ángeles guardianes. Ese domingo en la tarde, sin embargo, yo conocí al mío, y he alabado a Dios continuamente por ese milagro que salvó mi vida.

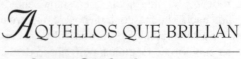

AQUELLOS QUE BRILLAN

Agnes Sanford

Yo estoy segura de que hoy día hay más personas que ven ángeles que las que vivieron en el tiempo de Abraham, y pudiera llenar muchos capítulos con esas historias.

Por ejemplo, un misionero retirado en África, Leslie Sutton, me contó esta historia durante una conferencia en Lee Abbey, Inglaterra: Su sirviente vino corriendo un día con gran excitación diciéndole: "¡El Gran Jefe está bajando la colina con todos sus hombres!" El jefe africano no era cristiano, ni tampoco era amigo de los ingleses en África. Sin embargo, el pequeño misionero (porque él era realmente pequeño comparado con la estatura del africano) le salió al encuentro. Este venía con un ropaje de espléndido plumaje, y con él, venían muchos hombres. Dos de ellos cargaban una silla; la pusieron en el suelo y el Gran Jefe se sentó en ella. Entonces le habló al misionero con palabras más o menos como estas: "Anoche vi a aquellos que brillan. Ellos bajaban y subían, y volvían a bajar. En mi choza yo tengo una cacatúa; ellos tienen alas como mi cacatúa. Uno de ellos me dijo: 'Ve a ver al hombre blanco en la montaña, porque él tiene las palabras de Dios.' Así que estoy aquí. ¡Habla!" El misionero les habló, y muchos creyeron por causa del jefe, que había visto en su espíritu las realidades de Dios.

Esta historia es vieja, pero ahora les voy a decir una nueva, en realidad tiene solamente unas tres semanas. Un niño estaba jugando con la manigueta de una puerta de un auto mientras su mamá manejaba por la carretera de California. La puerta se abrió y el niño rodó atravesando tres carriles de la carretera, los cuales eran transitados a alta velocidad. Cada auto se detuvo; ningún auto sufrió daños; el niño no sufrió daños. Si usted conoce las carreteras del área de Los Ángeles, comprenderá que esto fue un milagro. Cuando la madre recogió al niño, él le dijo: "¿Oh, mami, los viste?"

"¿A quién?", preguntó la madre.

"¡Todos los ángeles que detuvieron el tráfico!"

$\mathcal{E}$L GUARDIÁN

Geneva Cobb Iijima

Siempre que mi esposo tenía que pasar la noche afuera, en sus viajes de negocios, yo me ponía nerviosa porque me tenía que quedar en la casa sola con mis tres niños pequeños como única compañía.

Luego llegó el momento cuando estuvimos estacionados con la Embajada Americana en el Japón, y Pete estaba en un viaje de fin de semana largo. Una vez más yo comencé a temer las noches que se avecinaban, hasta que llegó la tarde en que nuestra hija de seis años, Robin, que estaba en primer grado en un colegio de la Marina, regresó a la casa. Ese día en la clase hizo un dibujo a colores de nuestra casa, y me lo dio con orgullo para que lo inspeccionara. Sí, la casa tenía la forma correcta. Realmente lucía como nuestra casa. ¿Pero qué era el objeto extraño encima de ella?

"Es muy linda", le felicité. "Hiciste un buen trabajo. ¿Pero qué es esto?" Y señalé la extraña figura, que parecía un pájaro encaramado en el techo.

Mirándome como si pensara que yo era algo tonta me respondió, "¿Por qué preguntas, mami, acaso no sabes? ¡Ese es el ángel que cuida de nosotros!"

Oh Señor, pensé, *gracias por la fe de esta pequeña niña.*

Robin lo sabía, y yo había olvidado lo que El nos había prometido: darnos sus ángeles para que cuidaran de nosotros, y nos guardaran en todos nuestros caminos (Salmo 91:11).

Esa noche, mientras guardaba el dibujo junto con los otros recuerdos de Robin, mi temor a la noche obscura también fue guardado —enterrado para siempre.

III

ᴸOS ÁNGELES ETERNOS

III

ᴸos ÁNGELES ETERNOS

He aquí una compilación de seres celestiales que ya conoces por tus lecturas bíblicas. Estos son algunos de los muchos ángeles que aparecieron a través del Antiguo y el Nuevo Testamentos y nos proveen la revelación tan importante para comprender la naturaleza y función de los ángeles que están con nosotros hoy. Algunos de ellos, como Gabriel y Miguel, tienen nombres; la mayoría no lo tienen, pero todos ellos tienen su tarea asignada. Ellos son los espíritus ministradores que asumen muchas formas. Sus moradas están en los cielos. Sin embargo, sus ministerios los llevan cabo en la tierra. Realmente, ellos existen por nosotros.

A medida que lea sobre ellos, recuerde que éstos son sólo algunos de los ángeles mencionados en la Biblia. Un buen punto para comenzar un estudio más profundo sería la lectura de Ezequiel 1 al 10 y Apocalipsis 4. Por ahora, sin embargo, a medida que se observan las funciones y misiones de los ángeles bíblicos, recuerde a los ángeles cuyas historias han sido reunidas en este libro. Piense sobre los paralelos entre las dos clases, los antiguos y los modernos. Luego déjese llevar por un vuelo de fantasía con la idea sobrecogedora de las vastas filas de seres celestiales, los cuales residen en la eternidad. Todos ellos son los mismos ángeles del Señor que están entre nosotros hoy.

$\mathcal{L}$os ángeles en el comienzo...

Los ángeles primero aparecieron en las historias bíblicas como guardianes del Jardín del Edén —para mantener al hombre y a la mujer con firmeza fuera del mismo, y del Árbol de la Vida.

Dios le dijo a Adán: "Por cuanto has escuchado la voz de tu mujer, y has comido del árbol del cual te ordené, diciendo:

'No comerás de él' maldita
será la tierra por tu causa;
con trabajo comerás de ella
todos los días de tu vida..."

Entonces el Señor Dios dijo: He aquí el hombre ha venido a ser como uno de nosotros conociendo el bien y el mal; cuidado ahora, no vaya a extender su mano, y tomar también del árbol de la vida, y coma, y viva para siempre". Y el Señor Dios lo echó del huerto del Edén para que labrara la tierra de la cual fue tomado. Expulsó, pues, al hombre; y al oriente del huerto del Edén puso querubines, y una espada encendida que giraba en todas direcciones para guardar el camino del árbol de la vida.

-Génesis 3:17, 22-24, (BLA)

... Y AL *F*INAL

La última mención de los ángeles en la Biblia se relaciona con la revelación de Juan sobre la ciudad eterna de Dios, nuestro hogar futuro, y el Árbol de la Vida disponible ahora para la sanidad de la humanidad por sus pecados, maldades y enfermedades.

Vi un cielo nuevo y una tierra nueva; porque el primer cielo y la primera tierra pasaron ... y yo Juan vi la santa ciudad, la nueva Jerusalén, descender del cielo, de Dios, dispuesta como una esposa ataviada para su marido. Y oí una gran voz del cielo que decía: He aquí el tabernáculo de Dios con los hombres, y él morará con ellos.... Vino entonces a mí uno de los siete ángeles que tenían las siete copas llenas de las siete plagas postreras, y habló conmigo, diciendo: Ven acá, yo te mostraré la desposada, la esposa del Cordero. Y me llevó en el Espíritu a un monte grande y alto, y me mostró la gran ciudad santa de Jerusalén, que descendía del cielo, de Dios ... y no vi en ella templo; porque el Señor Dios Todopoderoso es el templo de ella, y el Cordero. La ciudad no tiene necesidad de sol ni de luna que brillen en ella; porque la gloria de Dios la ilumina, y el Cordero es su lumbrera... No entrará en ella ninguna cosa inmunda, o que hace abominación y mentira, sino solamente los que están inscritos en el libro de la vida del Cordero.

Después (el ángel) me mostró un río limpio de agua de vida, resplandeciente como cristal, que salía del trono de Dios y del Cordero. En medio de la calle de la ciudad, y a uno y otro lado del río, estaba el árbol de la vida, que produce doce frutos, dando cada mes su fruto; y las hojas del árbol eran para la sanidad de las naciones. Y no habrá más maldición....

Y (el ángel) me dijo: "Estas palabras son fieles y verdaderas. Y el Señor, el Dios de los espíritus de los profetas, ha enviado su ángel, para mostrar a sus siervos las cosas que deben suceder pronto."

-Apocalipsis 21:1-3, 9-10, 22-23, 27; 22:1-3,6

$\mathcal{L}$A NATURALEZA DE LOS ÁNGELES

Los ángeles son seres espirituales, sin cuerpos terrenales o materiales y es por eso que aparecen como seres humanos en muchas formas diferentes. A menudo están rodeados de una luz brillante, y su apariencia inspira gran temor y asombro. Ellos tienen tremendos poderes, pero son seres creados, y por lo tanto los humanos no deben adorarlos, ya que nosotros, también, somos creación de Dios y sólo "un poco menor que los ángeles".

Bendice, alma mía al Señor... que hace de los vientos [ángeles] sus mensajeros; y de las llamas de fuego sus ministros.

Salmo 104:1,4 (BLA)

Cuando [Dios] ... introduce al Primogénito en el mundo, dice:
Adórenle todos los ángeles de Dios.
Ciertamente de los ángeles dice:
  El que hace a sus ángeles espíritus
  Y a sus ministros llama de fuego.
Mas del Hijo dice:
  Tu trono, Oh Dios, por el siglo del siglo.
  Cetro de equidad es el cetro de tu reino....
Y:
  Tú, oh Señor, en el principio fundaste la tierra,
  Y los cielos son obra de tus manos;
  Ellos perecerán, mas tú permaneces;
  Y todos ellos se envejecerán como una vestidura,
  Y como un vestido los envolverás, y serán mudados;
  Pero tú eres el mismo,
  Y tus años no se acabarán".
Pues: ¿a cuál de los ángeles dijo Dios jamás:
  Siéntate a mi diestra,
  Hasta que ponga a tus enemigos por estrado de tus pies?

¿No son todos espíritus ministradores, enviados para servicio a favor de los que serán herederos de la salvación?

Hebreos 1:6-14,
(ver también Hebreos 2:5-9)

Nadie os prive de vuestro premio, afectando humildad y culto a los ángeles ... vanamente hinchado por su propia mente carnal.

Colosenses 2:18

Y Jesús les dijo [respondiendo a una pregunta maliciosa hecha a él por los saduceos]: Los hijos de este siglo se casan, y son dados en matrimonio, pero los que son tenidos por dignos de alcanzar aquel siglo y la resurrección de entre los muertos, ni se casan, ni son dados en matrimonio; porque tampoco pueden ya morir, pues son como ángeles y son hijos de Dios, siendo hijos de la resurrección.

-Lucas 20:34-36, (BLA)

Un ángel del Señor descendiendo del cielo y acercándose, removió la piedra (que bloqueaba la tumba donde Jesús estaba enterrado) y se sentó sobre ella. Su aspecto era como un relámpago, y su vestidura blanca como la nieve; y de miedo a él los guardias temblaron y se quedaron como muertos.

-Mateo 28:2-4, (BLA)

ÁNGELES A LA PUERTA

No os olvidéis de la hospitalidad, porque por ella algunos,
sin saberlo, hospedaron ángeles.

-Hebreos 13:2

A través del Antiguo Testamento particularmente, Dios y sus ángeles
aparecieron a los hombres, en ocasiones como seres humanos corrien-
tes, pero en otras ocasiones con una marcada diferencia que permitía
percibir a las personas la presencia de Dios. Quizás el ejemplo más
famoso de hospedar ángeles sin saberlo es la ocasión en que Abraham
invitó a tres extraños a que descansaran de su viaje y compartieran
una comida con él.

Después le apareció Jehová en el encinar de Mamre, estando él
sentado a la puerta de su tienda en el calor del día.

Y alzó sus ojos y miró, y he aquí tres varones que estaban junto a
él; y cuando los vio, salió corriendo de la puerta de su tienda a
recibirlos, y se postró en tierra, y dijo: Señor, si ahora he hallado gracia
en tus ojos, te ruego que no pases de tu siervo.

Que se traiga ahora un poco de agua, y lavad vuestros pies; y
recostaos debajo de un árbol, y traeré un bocado de pan y sustentad
vuestro corazón, y después pasaréis; pues por eso habéis pasado cerca
de vuestro siervo. Y ellos dijeron: Haz así como has dicho.

Entonces Abraham fue de prisa a la tienda a Sara, y le dijo: Toma
pronto tres medidas de flor de harina, y amasa y haz panes cocidos
debajo del rescoldo.

Y corrió Abraham a las vacas, y tomó un becerro tierno y bueno, y
lo dio al criado, y éste se dio prisa a prepararlo.

Tomó también mantequilla y leche, y el becerro que había preparado, y lo puso delante de ellos; y él se estuvo con ellos debajo del árbol,
y comieron.

Y le dijeron: ¿Dónde está Sara tu mujer?

Y él respondió: Aquí en la tienda.

Entonces dijo: De cierto volveré a ti; y según el tiempo de la vida,
he aquí que Sara tu mujer tendrá un hijo. Y Sara escuchaba a la puerta
de la tienda, que estaba detrás de él.

Y Abraham y Sara eran viejos, de edad avanzada; y a Sara le había cesado ya la costumbre de las mujeres.

Se rió, pues, Sara entre sí, diciendo:

¿Después que he envejecido tendré deleite, siendo también mi señor ya viejo?

Entonces Jehová dijo a Abraham: ¿Por qué se ha reído Sara diciendo: ¿Será cierto que he de dar a luz siendo ya vieja?

¿Hay para Dios alguna cosa difícil? Al tiempo señalado volveré a ti, y según el tiempo de la vida, Sara tendrá un hijo.

-Génesis 18:1-14

Jueces 13 nos narra la historia de un ángel que predijo el nacimiento de Sansón a su madre y su padre, pero sólo después que ellos le ofrecieron comida, (y él le instruyó que la ofrecieran quemada en sacrificio), fue que lo reconocieron como un ángel, porque él ascendió a los cielos sobre la llama del sacrificio.

ÁNGELES EN EL NACIMIENTO

Cuando un niño especial iba a nacer —un niño importante para el destino del pueblo de Dios— Dios envió a un ángel para anunciar la venida del niño. En el Nuevo Testamento se nos dice el nombre de este ángel: Gabriel.

Hubo en los días de Herodes, rey de Judea, un sacerdote llamado Zacarías, de la clase de Abías; su mujer era de las hijas de Aarón, y se llamaba Elisabet. Ambos eran justos delante de Dios, y andaban irreprensibles en todos los mandamientos y ordenanzas del Señor... Pero no tenían hijo, porque Elisabet era estéril, y ambos eran ya de edad avanzada.

Aconteció que ejerciendo Zacarías el sacerdocio delante de Dios según el orden de su clase, conforme a la costumbre del sacerdocio, le

tocó en suerte ofrecer el incienso, entrando en el santuario del Señor. Y toda la multitud del pueblo estaba afuera orando a la hora del incienso. Y se le apareció un ángel del Señor puesto en pie a la derecha del altar del incienso. Y se turbó Zacarías al verle, y le sobrecogió temor. Pero el ángel le dijo: Zacarías, no temas; porque tu oración ha sido oída, y tu mujer Elisabet te dará a luz un hijo, y llamarás su nombre Juan...

Dijo Zacarías al ángel: ¿En qué conoceré esto? Porque yo soy viejo, y mi mujer es de edad avanzada.

Respondiendo el ángel, le dijo: Yo soy Gabriel, que estoy delante de Dios; y he sido enviado a hablarte, y darte estas buenas nuevas. Y ahora quedarás mudo y no podrás hablar, hasta el día en que esto se haga, por cuanto no creíste mis palabras, las cuales se cumplirán a su tiempo.

...Y cumplido los días de su ministerio, se fue a su casa. Después de aquellos días concibió su mujer Elisabet, y se recluyó en casa por cinco meses diciendo: Así ha hecho conmigo el Señor en los días en que se dignó quitar mi afrenta entre los hombres.

Al sexto mes [del embarazo de Elisabet], el ángel Gabriel fue enviado por Dios a una ciudad de Galilea, llamada Nazaret, a una virgen desposada con un varón que se llamaba José, de la casa de David; y el nombre de la virgen era María. Y entrando el ángel en donde ella estaba dijo: ¡Salve, muy favorecida! El Señor es contigo.

Mas ella, cuando le vio, se turbó por sus palabras, y pensaban qué salutación sería esta. Entonces el ángel le dijo: María, no temas, porque has hallado gracia delante de Dios. Y ahora, concebirás en tu vientre, y darás a luz un hijo, y llamarás su nombre Jesús. Este será grande, y será llamado Hijo del Altísimo; y el Señor Dios le dará el trono de David su padre; y reinará sobre la casa de Jacob para siempre, y su reino no tendrá fin.

Entonces María dijo al ángel: ¿Cómo será esto? pues no conozco varón.

Respondiendo el ángel, le dijo: El Espíritu Santo vendrá sobre ti, y el poder del Altísimo te cubrirá con su sombra; por lo cual también el Santo Ser que nacerá, será llamado Hijo de Dios. Y he aquí tu parienta Elisabet, ella también ha concebido hijo en su vejez; y este es el sexto mes para ella, la que llamaban estéril; porque nada hay imposible para Dios.

Entonces María dijo: He aquí la sierva del Señor; hágase conmigo conforme a tu palabra. Y el ángel se fue de su presencia.

-Lucas 1:5-28

ÁNGELES EN LA MUERTE

La ilustración de los ángeles que descienden para escoltar a un santo en el momento de su muerte hacia la presencia de Dios, se basa en la historia que Jesús contó; la historia del hombre rico (también conocido como Dives, de la palabra latina por "rico") y Lázaro. Lázaro, un mendigo lleno de llagas, pasaba sus días a la puerta de este hombre rico. "El lado de Abraham" o "seno de Abraham" (Versión de 1960) a quien Jesús se refirió en su historia, era el nombre dado al Paraíso en los días de Jesús. Usted puede leer toda la historia en Lucas 16:19-31

"Aconteció que murió el
mendigo, y fue llevado   — *Lucas 16:19-31*
por los ángeles al seno de
Abraham."

ÁNGELES EN EL NUEVO NACIMIENTO Y LA RESURRECCIÓN

Ya que todos los ángeles son espíritus ministradores, enviados para servicio a favor de los que serán herederos de la salvación. (Hebreos 1:14), ellos se preocupan de lo que le sucede a los seres humanos, y de cómo respondemos a la oferta de amor y salvación de Dios.

Entonces Jesús les refirió esta parábola diciendo: "¿Qué hombre de vosotros, teniendo cien ovejas, si pierde una de ellas, no deja las noventa y nueve en el desierto, y va tras la que se perdió, hasta encontrarla? Y cuando la encuentra, la pone sobre sus hombros gozoso; y al llegar a casa, reúne a sus amigos y vecinos, diciéndoles: 'Gozaos conmigo, porque he encontrado mi oveja que se había perdido.' Os digo que así habrá más gozo en el cielo por un pecador que se arrepiente, que por noventa y nueve justos que no necesitan de arrepentimiento".

"¿O qué mujer que tiene diez dracmas, si pierde una dracma, no enciende la lámpara, y barre la casa, y busca con diligencia hasta encontrarla? Y cuando la encuentra, reúne a sus amigas y vecinas, diciendo: 'Gozaos conmigo, porque he encontrado la dracma que había perdido'. Así os digo que hay gozo delante de los ángeles de Dios por un pecador que se arrepiente".

Lucas 15:3-10

Porque el Señor mismo con voz de mando, con voz de arcángel, y con trompeta de Dios, descenderá del cielo; y los muertos en Cristo resucitarán primero. Luego nosotros los que vivimos, los que hayamos quedado, seremos arrebatados juntamente con ellos en las nubes para recibir al Señor en el aire, y así estaremos siempre con el Señor.

1 Tesalonicenses 4:16-17

ℒOS ÁNGELES Y LA VIDA DE JESÚS

Los ángeles son singularmente asociados con la vida y ministerio de Jesús —y su muerte y resurrección—. Hemos leído ya la anunciación de su nacimiento por Gabriel a María.

El nacimiento de Jesucristo fue así: Estando desposada María su madre con José, antes que se juntasen, se halló que había concebido del Espíritu Santo. José su marido, como era justo, y no quería infamarla, quiso dejarla secretamente. Y pensando él en esto, he aquí un ángel del Señor le apareció en sueños y le dijo: José, hijo de David, no temas recibir a María tu mujer, porque lo que en ella es engendrado, del Espíritu Santo es. Y dará a luz un hijo, y llamarás su nombre Jesús, porque él salvará a su pueblo de sus pecados. Y despertando José del sueño, hizo como el ángel del Señor le había mandado...

-Mateo 1:18-21, 24

Había pastores en la misma región [Belén], que velaban y guardaban las vigilias de la noche sobre su rebaño. Y he aquí, se les presentó un ángel del Señor, y la gloria del Señor los rodeó de resplandor; y tuvieron gran temor. Pero el ángel les dijo: No temáis; porque he aquí os doy nuevas de gran gozo, que será para todo el pueblo: que os ha nacido hoy, en la ciudad de David, un Salvador, que es Cristo el Señor. Esto os servirá de señal: Hallaréis al niño envuelto en pañales, acostado en un pesebre.

[Y para el coro de ángeles, vea la sección "Las huestes celestiales" más adelante en este capítulo.]

-Lucas 2:8-12

Después que partieron ellos [los magos], he aquí un ángel del Señor apareció en sueños a José y dijo: Levántate, y toma al niño y a su madre, y huye a Egipto, y permanece allá hasta que yo te diga; porque acontecerá que Herodes buscará al niño para matarlo.

Y él, despertando, tomó de noche al niño y a su madre, y se fue a Egipto....

Pero después de muerto Herodes, he aquí un ángel del Señor apareció en sueños a José en Egipto, diciendo: "Levántate, toma al niño y a su madre, y vete a tierra de Israel, porque han muerto los que procuraban la muerte del niño".

Entonces él se levantó, y tomó al niño y a su madre, y vino a tierra de Israel.

-Mateo 2:13-14, 19-21

Entonces Jesús (después de su bautismo) fue llevado por el Espíritu al desierto, para ser tentado por el diablo. Y después de haber ayunado cuarenta días y cuarenta noches, tuvo hambre. Y vino a él el tentador, y le dijo: Si eres Hijo de Dios, di que estas piedras se conviertan en pan.

El, [Jesús] respondió y dijo: Escrito está: No sólo de pan vivirá el hombre, sino de toda palabra que sale de la boca de Dios.

[Después de otras dos grandes tentaciones] Jesús le dijo: Vete, Satanás, porque escrito está: 'Al Señor tu Dios adorarás, y a él sólo servirás'.

El diablo entonces le dejó; y he aquí vinieron ángeles y le servían.

-Mateo 4:1-4, 10-11

Y saliendo, [del aposento alto, después de la Última Cena con los discípulos] Jesús se fue, como solía, al monte de los Olivos; y sus discípulos también le siguieron. Cuando llegó a aquel lugar, les dijo: Orad que no entréis en tentación. Y él se apartó de ellos a distancia como de un tiro de piedra; y puesto de rodillas oró, diciendo: Padre, si quieres, pasa de mí esta copa; pero no se haga mi voluntad, sino la tuya. Y se le apareció un ángel del cielo para fortalecerle. Y estando en agonía, oraba más intensamente; y era su sudor como grandes gotas de sangre que caían hasta la tierra.

-Lucas 22:39-44

[Después de Jesús haber sido crucificado y puesto en la tumba de José de Arimatea un día viernes] Pasado el día de reposo, al amanecer del primer día de la semana, vinieron María Magdalena y la otra María, a ver el sepulcro.

Y hubo un gran terremoto; porque un ángel del Señor, descendiendo del cielo y llegando, removió la piedra, y se sentó sobre ella.

-Mateo 28:1-2

El primer día de la semana, muy de mañana, vinieron al sepulcro, trayendo las especias aromáticas que habían preparado, y algunas otras mujeres con ellas. Y hallaron removida la piedra del sepulcro; y entrando, no hallaron el cuerpo del Señor Jesús. Aconteció que estando ellas perplejas por esto, he aquí se pararon junto a ellas dos varones con vestiduras resplandecientes; y como tuvieron temor, y bajaron el rostro a tierra, les dijeron: ¿Por qué buscáis entre los muertos al que vive? ¡No está aquí, sino que ha resucitado!

Lucas 24:1-6

[Jesús] apareciéndoseles durante cuarenta días y hablándoles acerca del reino de Dios ... recibiréis poder, cuando haya venido sobre vosotros el Espíritu Santo, y me seréis testigos...

Y habiendo dicho estas cosas, viéndolo ellos, fue alzado, y le recibió una nube que le ocultó de sus ojos.

Y estando ellos con los ojos puestos en el cielo, entre tanto que él se iba, he aquí se pusieron junto a ellos dos varones con vestiduras blancas, los cuales también les dijeron: Varones galileos, ¿por qué estáis mirando al cielo? Este mismo Jesús, que ha sido tomado de vosotros al cielo, así vendrá como le habéis visto ir al cielo.

-Hechos 1:3, 8-11

$\mathcal{U}$NA ESPERANZA BRILLANTE

Dios conceda que todos los que vigilan hoy
   Junto a los sepulcros de sus amados
Puedan encontrar la gran piedra removida,
   Para ver finalmente, con una visión clara,
   Al ángel luminoso de pie a la distancia,
Y a través de la penumbra del alma
De nuevo pueda el gozo
   del evangelio mostrar
Y la gloria de la Cruz manifestar.

Julia H. Thayer

COMISIONANDO A LOS ÁNGELES

*Y vino el ángel de Jehová, y se sentó debajo
de la encina que está en Ofra, la cual era de
Joás abiezerita; y su hijo Gedeón estaba
sacudiendo el trigo en el lagar, para escon-
derlo de los madianitas. Y el ángel de Jehová
se le apareció, y le dijo: Jehová está contigo,
varón esforzado y valiente.*

-Jueces 6:11-12

La Biblia registra que cuando Dios tiene un trabajo especial para que una persona lo realice, El a
menudo envía un ángel. En ocasiones, éste se
presenta por medio de una visión; y otras,
cuando la persona está despierta para llamar-
la a la tarea. Desde un punto de vista humano,
la decisión puede parecer poco probable, pero
el llamado de Dios y la comisión produce la
clase de persona que El puede usar. Gedeón
era un campesino temeroso de los merodea-
dores madianitas, no un luchador intrépido.
Pero a través del llamado de Dios, él se convirtió en un guerrero valiente, que venció a
los madianitas. (Ver Jueces 6 y 7.) He aquí
algunos otros ejemplos de la comisión de
ángeles.

Estando Josué cerca de Jericó, alzó sus ojos y vio un varón que
estaba delante de él, el cual tenía una espada desenvainada en su mano.
Y Josué, yendo hacia él, le dijo: "¿Eres de los nuestros, o de nuestros
enemigos?"

El respondió: No; mas como Príncipe del ejército de Jehová he
venido ahora. Entonces Josué, postrándose sobre su rostro en tierra, le
adoró; y le dijo: ¿Qué dice mi Señor a su siervo?

Y el Príncipe del ejército de Jehová respondió a Josué: Quita el calzado de tus pies, porque el lugar donde estás es santo....

Mas Jehová dijo a Josué: "Mira, yo he entregado en tu mano a Jericó...

-Josué 5:13-15, 6:2

En el año que murió el rey Uzías vi yo al Señor sentado sobre un trono alto y sublime, y sus faldas llenaban el templo. Por encima de él había serafines; cada uno tenía seis alas; con dos cubrían sus rostros, con dos cubrían sus pies, y con dos volaban. Y el uno al otro daba voces, diciendo: Santo, santo, santo, Jehová de los ejércitos; toda la tierra está llena de su gloria.

Entonces dije: ¡Ay de mí! que soy muerto; porque siendo hombre inmundo de labios, y habitando en medio de pueblo que tiene labios inmundos, han visto mis ojos al Rey, Jehová de los ejércitos. Y voló hacia mí uno de los serafines, teniendo en su mano un carbón encendido, tomado del altar con unas tenazas; y tocando con él sobre mi boca, dijo: He aquí que esto tocó tus labios, y es quitada tu culpa, y limpio tu pecado.

Después oí la voz del Señor, que decía: ¿A quién enviaré y quién irá por nosotros? Entonces respondí yo: ¡Heme aquí, envíame a mí!

-Isaías 6:1-8

ÁNGELES EN EL JUICIO

Como siervos de Dios, los ángeles anuncian el juicio sobre el mal y también lo
ejecutan. Encontramos primeramente a
los ángeles en juicio, en conexión con la
ciudad de Sodoma, cuando ellos anunciaron a Abraham el destino de esa ciudad y luego se le aparecieron a Lot, el
sobrino de Abraham, y lo guiaron a él y
su familia a un lugar a salvo (Génesis 18
y 19). Los ángeles también tendrán parte en el juicio final de los seres humanos.
Jesús dijo varias parábolas relacionadas
con este juicio que vendrá al final de los
siglos. Una de ellas, la parábola del trigo
y la cizaña, nos dice sobre un hombre que
descubrió que alguien había sembrado
mala semilla en su campo de trigo. La
cizaña se ve exactamente como el trigo
hasta que ha madurado, así que cuando

los siervos del señor quisieron arrancar las cizañas, el dueño les dijo que
no lo hicieran que esperaran hasta el tiempo de la siega (Mateo
13:24-30).

Acercándose a él [Jesús] sus discípulos, le dijeron: Explícanos la
parábola de la cizaña del campo.

Respondiendo él, les dijo: El que siembra la buena semilla es el Hijo
del Hombre. El campo es el mundo; la buena semilla son los hijos del
reino, y la cizaña son los hijos del malo. El enemigo que la sembró es
el diablo; la siega es el fin del siglo; y los segadores son los ángeles.

De manera que como se arranca la cizaña, y se quema en el fuego,
así será en el fin de este siglo. Enviará el Hijo del Hombre a sus ángeles,
y recogerán de su reino a todos los que sirven de tropiezo, y a los que
hacen iniquidad....

-Mateo 13:36-41, 47-50

*El Libro de Apocalipsis está lleno de las visiones de Juan; de
ángeles derramando sobre la tierra el juicio final de Dios sobre los
malos y los que hacen iniquidad. He aquí algunos ejemplos.*

Y vi a los siete ángeles que estaban en pie ante Dios; y se les dieron siete trompetas... Y los siete ángeles que tenían las siete trompetas se dispusieron a tocarlas.

El primer ángel tocó la trompeta, y hubo granizo y fuego mezclados con sangre, que fueron lanzados sobre la tierra; y la tercera parte de los árboles se quemó, y se quemó toda la hierba verde.

El segundo ángel tocó la trompeta, y como una gran montaña ardiendo en fuego fue precipitada en el mar; y la tercera parte del mar se convirtió en sangre. Y murió la tercera parte de los seres vivientes que estaban en el mar, y la tercera parte de las naves fue destruida.

El tercer ángel tocó la trompeta, y cayó del cielo una gran estrella, ardiendo como una antorcha, y cayó sobre la tercera parte de los ríos, y sobre las fuentes de aguas. Y el nombre de la estrella es Ajenjo. Y la tercera parte de las aguas se convirtió en ajenjo, y muchos hombres murieron...

El cuarto ángel tocó la trompeta, y fue herida la tercera parte del sol, y la tercera parte de la luna, y la tercera parte de las estrellas, para que se oscureciese la tercera parte de ellos, y no hubiese luz en la tercera parte del día, y asimismo de la noche.

Apocalipsis 8:2-12

Vi en el cielo otra señal, grande y admirable: siete ángeles que tenían las siete plagas postreras; porque en ellas se consumaba la ira de Dios.

-Apocalipsis 15:1

Vendrá el momento, sin embargo, cuando los seres humanos tendrán parte en el juicio de los ángeles. El apóstol Pablo es el que nos dice esto, en una carta a los cristianos de Corinto. El está amonestando a los corintios por llevar sus querellas legales frente a las cortes paganas, en vez de juzgar los casos entre ellos mismos.

¿Osa alguno de vosotros, cuando tiene algo contra otro, ir a juicio delante de los injustos, y no delante de los santos [cristianos]? O no sabéis que los santos han de juzgar al mundo? Y si el mundo ha de ser juzgado por vosotros, ¿sois indignos de juzgar cosas muy pequeñas? ¿O no sabéis que hemos de juzgar a los ángeles? ¿Cuánto más las cosas de esta vida?

-1 Corintios 6:1-3

ℒAS HUESTES CELESTIALES

ÁNGELES DE GUERRA

Los carros de Dios se cuentan por
veintenas de millares de millares;
El Señor viene del Sinaí a su
*   santuario.*

*   -Salmo 68:17*

Uno de los nombres de Dios en el
Antiguo Testamento es Jehová de los
Ejércitos, esto es el comandante en
las fuerzas armadas del cielo. La
primera mención de estas huestes de
ángeles viene en conexión con
Jacob, el nieto de Abraham. Jacob
los ve por primera vez en un sueño,
mientras huía de su hermano gemelo
Esaú que estaba enojado con él. Muchos años después,
dos esposas, por lo menos once hijos, y muchas cabezas
de vacas y luego ovejas, él se encontró de nuevo con los
ejércitos, justo antes de reunirse de nuevo con Esaú. Las
huestes de Jehová estaban en posición de guerra contra los
poderes de maldad: Satanás y sus ángeles caídos. El coman-
dante angelical de las huestes celestiales es Miguel, llamado el
arcángel en Judas 9.

Y salió Jacob de Beerseba y fue para Harán. Y llegó a cierto lugar,
y pasó la noche allí, porque el sol se había puesto; tomó una de las
piedras del lugar, la puso de cabecera y se acostó en aquel lugar. Y tuvo
un sueño, y he aquí, había una escalera apoyada en la tierra cuyo
extremo superior alcanzaba hasta el cielo; y he aquí los ángeles de Dios
subían y bajaban por ella. Y he aquí, el Señor estaba sobre ella ...

Y despertó Jacob de su sueño, y dijo: ¡Ciertamente el Señor está en este
lugar. Esto no es más que la casa de Dios y esta es la puerta del cielo!
Y se levantó Jacob muy de mañana y tomó la piedra que había puesto
de cabecera, la erigió por señal, y derramó aceite por encima y a aquel
lugar le puso el nombre de Betel (casa de Dios).

Génesis 28:10-13, 16-19 (BLA)

Jacob siguió su camino [después de haberse separado amigablemente de
su frustrado suegro Labán] y le salieron al encuentro ángeles de Dios.
Y dijo Jacob cuando los vio: ¡Campamento de Dios es este! y llamó el
nombre de aquel lugar Mahanaim [que significa dos ejércitos].

-Génesis 32:1-2

[Cuando Jesús fue arrestado, uno de los discípulos] extendiendo la
mano, sacó su espada, e hiriendo a un siervo del sumo sacerdote, le quitó
la oreja.
Entonces Jesús le dijo: Vuelve tu espada a su lugar; porque todos los
que tomen espada, a espada perecerán. ¿Acaso piensas que no puedo
ahora orar a mi Padre, y que él no me daría más de doce legiones de
ángeles? ¿Pero cómo entonces se cumplirían las Escrituras, de que es
necesario que así se haga?

-Mateo 26:51-54

Después hubo una gran batalla en el cielo: Miguel y sus ángeles
luchaban contra el dragón; y luchaban el dragón y sus ángeles; pero no
prevalecieron, ni se halló ya lugar para ellos en el cielo.

-Apocalipsis 12:7-8

Entonces vi el cielo abierto; y he aquí un caballo blanco, y el que lo
montaba se llamaba Fiel y Verdadero, y con justicia juzga y pelea... Y
los ejércitos celestiales, vestidos de lino finísimo, blanco y limpio, le
seguían en caballos blancos.

-Apocalipsis 19:11-14

ÁNGELES DE ADORACIÓN

Las huestes celestiales no siempre están involucradas en la guerra. Una de sus muchas funciones es la alabanza. Los escritores bíblicos muestran ángeles como también a seres humanos alabando a Dios, y exhortándoles a ellos y a nosotros a insistir en esa actividad. Quizás la ocasión más conocida de alabanzas angelicales es en el nacimiento de Jesús, el Hijo de Dios. Y nos uniremos con ellos por la eternidad, alabando a Dios en el cielo, por sus obras maravillosas y por nuestra salvación.

El Señor ha establecido su trono en los cielos,
    y su reino domina sobre todo.
Bendecid al Señor vosotros sus ángeles,
    Poderosos en fortaleza,
    que ejecutáis su mandato,
obedeciendo la voz de su palabra.
Bendecid al Señor vosotros todos sus ejércitos
    que le servís haciendo su voluntad.
Bendecid al Señor vosotras todas sus obras,
    en todos los lugares de su dominio.
Bendice, alma mía, al Señor.

-Salmo 103:19-22 (BLA)

Alabad al Señor desde los cielos;
alabadle en las alturas,
    alabadle, todos sus ángeles;
alabadle, todos sus ejércitos.

-Salmo 148:1-2 (BLA)

Y repentinamente una inmensa multitud de las huestes celestiales entonó un canto de alabanza al Señor:

"¡Gloria a Dios en las alturas y paz en la tierra para los que procuran agradarle!"

Cuando aquel gran ejército angelical regresó al cielo, los pastores se dijeron:

—¡Vamos, vamos! ¡Corramos a Belén! ¡Corramos a presenciar estas maravillas que el Señor nos ha manifestado!

-Lucas 2:13-15, (BD)

Ustedes han tenido la dicha de poder subir directamente al verdadero monte de Sion, a la ciudad del Dios viviente, a la Jerusalén celestial, a la asamblea de un sinnúmero de ángeles felices que alaban a Dios, y a una iglesia compuesta por hombres, mujeres y niños cuyos nombres están inscritos en el cielo. Se han acercado a Dios, quien es el Juez de todos; a los espíritus de los redimidos, que ya están en el cielo, que ya han sido perfeccionados. Y se han acercado a Jesús mismo, el abogado de este nuevo pacto tan maravilloso....

-Hebreos 12:22-24, (BD)

Después de esto miré, y he aquí una puerta abierta en el cielo ... y he aquí, un trono establecido en el cielo, y en el trono, uno sentado ... Y miré, y oí la voz de muchos ángeles alrededor del trono, y de los seres vivientes, y de los ancianos; y su número era millones de millones, que decían a gran voz: El Cordero que fue inmolado es digno de tomar el poder, la riqueza, la sabiduría, la fortaleza, la honra, la gloria y la alabanza....

Después de esto miré, y he aquí una gran multitud ... de todas naciones y tribus y pueblos y lenguas, que estaban delante del trono y en la presencia del Cordero, vestidos de ropas blancas, y con palmas en las manos; y clamaban a gran voz, diciendo: La salvación pertenece a nuestro Dios que está sentado en el trono, y al Cordero. Y todos los ángeles estaban en pie alrededor del trono, y de los ancianos y de los cuatro seres vivientes; y se postraron sobre sus rostros delante del trono, y adoraron a Dios, diciendo: Amén. La bendición y la gloria y la sabiduría y la acción de gracias y la honra y el poder y la fortaleza, sean a nuestro Dios por los siglos de los siglos. Amén.

-Apocalipsis 4:1-2; 5:11-12; 7:9-12

IV

ÁNGELES POR DOQUIER

Santos sin nombres

La sanidad del mundo
Está en los santos sin nombres. Cada estrella separada
Significa nada, tan sólo miles de estrellas reunidas
Rompen la noche y la hacen hermosa.

-Bayard Taylor

IV

ÁNGELES POR DOQUIER

Hasta este momento en este libro usted ha conocido los ángeles que nos guardan del peligro, o que llegan y se van de nuestras vidas para ayudarnos en diversos momentos. Todas esas historias han tratado con situaciones dramáticas y a menudo desesperadas. Ahora, manteniendo en mente que Dios se ha asegurado que sus mensajeros vengan a nosotros en diversas formas y maneras, es hora de encontrar a otro tipo de ángel —y hay legiones de ellos en todas partes.

Usted encontrará muy poco de espectacular en cuanto a estos ángeles. Sus alas no son aparentes. Ellos brillan con una luz interior, no exterior. Es tan fácil estar con ellos, como se está con un cómodo par de zapatos viejos; tan humanos que nunca entraría en sus mentes el hecho de que son realmente mensajeros del cielo. Angelicales puede que sean, pero no ángeles.

¿Podrá estar seguro?

Haga una pausa por un momento y reflexione. Piense en sus experiencias pasadas, sobre las personas que ha conocido, que han cambiado su vida para mejorarla. Piense en el niño, el amigo, la maestra que con su presencia crearon una atmósfera de amor. ¿Es tan difícil creer que el Dios Todopoderoso los envió en una misión —para usted?

En la escabrosa historia aventurera de este capítulo, "Ángeles sobre el Atlántico", un Mayor de la fuerza aérea llamado James Sills comenzó a meditar sobre el peligro que acababa de atravesar. "Quizás cuando nos encaramos a lo imposible", él se dijo a sí mismo, "Él también nos da ángeles reales".

El Mayor Sills, estaba empezando a considerar la posibilidad de que personas reales puedan ser ángeles realmente.

Una vez que usted haya cerrado este libro y se haya sentado a meditar sobre lo que ha leído, usted y el Mayor Sills tendrán algo en común.

TRES VECES UN ÁNGEL

Oscar Greene

Recientemente leí una historia sobre un hombre que
creía que un ángel minis-
trador le había aparecido
en un momento significati-
vo en su vida. Yo pienso lo
mismo sobre ciertas personas —especialmente el extraño que apareció en el funeral
de mi padre.

Mi padre murió en 1942, durante la guerra, y yo viajé los mil
cuatrocientos kilómetros por tren desde el Arsenal de Rock Island
hasta el hogar de mi niñez en Williamstown, Massachusetts. En la parte
de atrás de la capilla había un joven de pie. Luego descubrí que
pertenecía a la fraternidad donde mi padre trabajó.

Más tarde en 1971 mi esposa y yo manejamos novecientos sesenta
kilómetros desde nuestro hogar en Massachusetts hasta Canton, Ohio,
para la boda de nuestro hijo. Después de la ceremonia conversé con el
ministro, quien recordaba con agrado sus días universitarios en el
estado donde nací. Un poco después mi hijo supo que este hombre fue
el extraño que asistió al funeral de mi padre.

Luego en 1977 yo hice otro viaje cuando mi madre murió. Los
servicios fúnebres tuvieron lugar en Staten Island en Nueva York,
donde mi madre había vivido por muchos años. Después de esto, mi
esposa y yo acompañamos el cuerpo de mi madre a Williamstown,
donde sería enterrada junto a mi padre.

Las palabras que el ministro habló en la tumba de mi madre fueron
unas de las más consoladoras que yo haya escuchado. ¿Y quién era ese
ministro? El fue el extraño en el funeral de mi padre, el pastor que casó
a mi hijo y su esposa. Y ahora él era el nuevo pastor de la iglesia de mi
niñez.

ORÁCULO EN UN DELANTAL

Helen Margaret Younger

Yo nunca he podido estar segura del porqué a la edad de los dieciséis años se le llama
"una edad dulce". Es una edad cuando muchos jóvenes tienen incertidumbre sobre el
manejo de la vida de adulto adoptando una actitud
cínica, diferente, y desprecian la mayoría de lo
convencional como anticuado. Al menos, esa era la
forma en que yo me comportaba. Cuando tenía dieciséis años, había
recién acabado la Segunda Guerra Mundial y los muchachos tenían esa
actitud de "vive de prisa, puede ser que mañana no llegue". Y yo había
decidido definitivamente dejar mi "atrasado pueblo" en Nueva Inglaterra y tratar la vida fácil tan pronto como me graduara de escuela
superior.

En ese entonces era lo suficiente mayor como para buscar empleo
de verano. Dos amigas habían trabajado en un hotel de la localidad, el
verano anterior y ellas iban a regresar, así que yo también solicité
empleo. Se me dijo que me reportara allí y preguntara por Heggy, la
camarera veterana a cargo del lugar.

¿Heggy? El gracioso nombre terminó adaptándose a su dueña. Una
mujer pequeña, arrugada, hogareña, con un pelo gris muy escaso y
espejuelos redondos como el marco de los ojos de una lechuza. Heggy
podía haber sido la esposa de un legendario duende.

"¿Se me dijo que me reportara a usted?", pregunté con un tono de
voz con fuerte entonación a pregunta.

Ella me miró y sonrió. "Maravilloso", dijo con alegría. Y con esto,
aunque no lo sabía, mi verdadero crecimiento comenzó.

Había mucho trabajo en el hotel y para algunas de las muchachas,
bajo la supervisión de Heggy, era su primer trabajo. Se nos olvidaban
las órdenes y tropezábamos las unas con las otras, provocando más
trabajo del que hacíamos. Heggy nunca perdió el control de su carácter.
Ella ayudó a trapear cuando se caía el café o a recoger los pedazos de

platos rotos. "No tiene sentido enojarse a menos que esto cambie las cosas", ella decía. "Yo sé que tendrás más cuidado la próxima vez".

Ella rápidamente ofrecía ayuda cuando estábamos muy ocupadas pero nunca nos empujó para que nos apuráramos. Día tras día nos daba palabras de alegría y ánimo. Ella bromeaba con los muchachos que ayudaban a recoger las mesas, los que lavaban los platos y les decía lo hermoso que ellos eran. Cuando las muchachas se quejaron por nuestro "lúgubre" uniforme blanco y negro, Heggy compró delantales de un rojo brillante para nosotras. "Las jovencitas lindas necesitan color", nos decía.

En la cocina de la cafetería noté una jarra de cristal llena de dinero, sobre la lavadora de platos. Le pregunté a una muchacha que trabajaba allí hacía dos años acerca de la jarra. "Oh, esa es la jarra de propina de Heggy", me dijo. "Ella lo deja allí para nosotras. Tomas lo que necesitas y devuelves lo que puedes".

"Estás bromeando", le respondí. "¿Cómo sabe ella que lo devuelves?" "Ella no lo sabe. Ella confía en nosotros".

Lentamente, sin darme cuenta, comenzamos a convertirnos en un equipo bastante eficiente. La confianza de Heggy en nosotras era tan completa que nos animó a confiar los unos en los otros —y en nosotros mismos—. Pero su buena voluntad no estaba reservada para los empleados de la cafetería.

Heggy conocía a cada una de las personas del pueblo que entraba. "¿Cómo sigue tu pierna?", preguntaba ella, o "¿Conseguiste el trabajo?" Ella se había quedado viuda desde muy joven y estas personas eran su familia. Uno era un muchacho de la vecindad, que había regresado recientemente del ejército y recién casado. John estaba comenzando su carrera como vendedor y no le iba bien. Heggy sabía que él y su esposa estaban luchando para sobrevivir, y notó que la confianza en sí mismo estaba flaqueando. Una mañana mientras se sentaba a tomar una tasa de café, ella le dijo: "John, voy a hacer un trato contigo. Cualquier día de este mes que hagas tres ventas antes del mediodía, celebraremos con un almuerzo que va por la casa". Al final del mes él estaba comiendo gratis todos los días, y su carrera de vendedor estaba encaminada.

Un día le pregunté a Heggy cómo consiguió ese nombre. Ella se rió. "¿Es extraño verdad? Yo misma me lo puse. Mi nombre es Helga, pero cuando yo era pequeña yo no podía pronunciar la letra l, así que me llamaba Hegga. Mi familia lo cambió a Heggy y así fue como me llamaron siempre en casa". Me sonrió, "¿Pega con un viejo personaje como yo, no crees?" Mis mejillas se enrojecieron mientras recordaba mi primera impresión de ella. *Qué fácil es juzgar mal.*

Heggy no tenía hijos, pero consideraba a la mayoría de los niños del pueblo parte de ella. A menudo les traían sus problemas a ella para "ensayar" antes de llevarlos a la casa. Ella nunca se metió en los asuntos ajenos, sin embargo suavizaba el camino entre los padres y los hijos y esposos y esposas. Los extraños se beneficiaban también, los niños preocupados con el viaje se alegraban cuando Heggy les daba materiales de su propio abastecimiento de libros de colorear y lápices y les pedía un dibujo especial para poner en la pared. Las familias a menudo se detenían en su viaje de regreso sólo para verla. Ella tenía un dicho favorito: "Hay suficiente espinas en la vida. Tienes que recordar buscar las rosas".

No estoy segura de cuándo fue que me encontré ofreciéndome a ayudar a Heggy cada oportunidad que tenía, pero para el final del verano yo sé que era una persona con menos espinas —lista para buscar las rosas por mí misma—. Yo había pasado a tropezones los primeros dos años de escuela superior y decidí que iba a estudiar y hacer mejor trabajo. Lo logré —y también encontré que estaba disfrutando más a mi familia, junto con mi pueblo y sus pobladores.

Heggy se mudó a la Florida a vivir con su hermana y mantuvimos correspondencia hasta que murió varios años después.

Casi cuatro décadas han pasado desde mi verano de dieciséis años —desde que me casé y crié tres hijos— sin embargo aún la memoria de Heggy está tan fresca como las rosas que ella amaba recordarme. Y no es de extrañar, la mujer con el nombre gracioso, era una camarera que "servía" en el espíritu de Jesucristo, una maestra que me enseñó cómo hacer de la vida algo dulce a cualquier edad.

No ES PARTE DEL TRABAJO

Elisa Vázquez

Rrrriiinng. Rrriinng. Miré con disgusto al teléfono
sonando sobre mi escritorio. Eran las 7:20 A.M., más de
una hora antes que empezara el día de
trabajo y yo era la única alma en la
oficina de la línea aérea.

Rrriinng. Más tarde yo pensaría en
ese sonido, como la campanada que comenzó el viaje más importante de mis
veinticinco años de edad; un viaje de
kilómetros y también un viaje en mi
interior. Pero en ese momento lo ignoré y
pronto la señal ruidosa cesó.

Yo disfrutaba llegar al trabajo temprano.
Me ofrecía un tiempo tranquilo donde tomaba chocolate caliente y me relajaba antes de
comenzar otro día como supervisor de servicio de pasa-
jeros. Sentía que necesitaba un comienzo tranquilo —mi
trabajo a menudo demandaba el calmar a aquellos clientes conocidos en el giro como "airados". Mientras me
acomodaba de nuevo para leer mi periódico, el teléfono
comenzó a sonar de nuevo. Una vez más dejé que siguiera sonando sin
contestarlo.

Pasaron cinco minutos. Mi chocolate caliente había alcanzado la
temperatura perfecta para ser tomado. Estaba levantando mi taza
cuando mi teléfono comenzó a sonar por tercera vez. Por algún motivo
decidí contar los timbres: 21, 22, 23...34.

La persistencia del que llamaba me intrigó y levanté el auricular.
"Buenos días. La señorita Vázquez hablando", pensando que no era
una buena mañana en lo absoluto.

"Señorita Vázquez, he estado tratando de localizarla". La voz era
masculina, con un timbre de tensión en ella.

"La oficina abre a las ocho y media", comencé a decirle, pero el
señor me interrumpió.

"Siento haber llamado tan temprano, pero tengo un problema y se me informó que debía hablar con usted. Mi nombre es Ashly".[1]

Molesta porque él ignoró completamente lo que yo había dicho sobre el horario de la oficina, tomé un sorbo de mi chocolate caliente, ya frío, e hice una mueca. "Le ayudaré si puedo, señor Ashly".

"Yo tengo un nieto en Los Angeles que necesita volar a Nueva York solo, continuó".

"Eso no es problema", le respondí rápidamente. "Yo le daré nuestro número de reservación. Solamente llame y haga los arreglos para pagar por adelantado el boleto de vuelo de su nieto en Nueva York desde..."

De nuevo el hombre me interrumpió. "Ya los he llamado y me refirieron a usted".

"¿Qué edad tiene su nieto?"

"Tres", dijo él abruptamente.

"Lo siento, señor Ashly. Los niños no pueden volar sin escolta si son menores de cinco años. Las normas del gobierno no lo permiten".

Yo estaba completamente desprevenida frente a lo próximo que sucedió. "Yo *conozco* las reglas", dijo él, y luego escuché sollozos fuertes.

Escuché en silencio, buscando algo qué decir.

El tosió, tratando de controlarse. "Por favor, escúcheme".

"Por supuesto, tome su tiempo", le dije sinceramente. La llamada ya no era un estorbo.

Con una voz aún descontrolada, el hombre explicó que su nieto Jody,[2] estaba a punto de ser puesto en un hogar de crianza —a menos que pudiera volar a Nueva York para vivir con sus abuelos. El padre del niño —el hijo del señor Ashly— y la madre eran adictos a la droga. Ellos "amaban" al niño, pero no podían ser responsables de su cuidado.

Algo extraño comenzó a suceder mientras escuchaba a este hombre describiendo la situación. Yo estaba dibujando en mi mente al pequeño niño que nadie quería —la pérdida, la confusión que él tenía que sentir, sus preocupaciones y temores—. Gradualmente el niño ya no era Jody, sino yo, y me sentí en las faldas de mi padre diciendo, "¿Papi, si tú dices que me amas, por qué no te quedas conmigo? ¿Por qué te quieres ir?"

---

1.   El nombre ha sido cambiado.
2.   El nombre ha sido cambiado

¡Que situación más terrible!

Suspiré profundamente y le dije por el teléfono. "¿Puede usted volar a Los Angeles para recoger a Jody?"

"Uh... no. Yo he tenido que pedir dinero prestado para cubrir su viaje de una ida".

Mientras estaba sugiriendo otras posibilidades —y el señor Ashly me explicaba el porqué a ninguno de ellos les era posible viajar por una razón u otra— una idea surgió rápidamente en mi mente. Y de súbito, sin pensarlo ni un momento, la estaba diciendo en voz alta, como si fuese algo más allá de mi control. "Señor Ashly, mañana es mi día libre. Yo puedo volar a Los Angeles y regresar por casi nada. Yo recogeré a Jody por usted".

Por un momento pensé que la línea se había muerto, el silencio era completo. Luego las palabras brotaron de él como el tarará en una fanfarria de trompeta. "¿Lo haría?"

"Lo haré. Ahora, déme su número de teléfono y tan pronto como sepa qué vuelo de salida puedo tomar le llamaré de regreso y finalizaremos los detalles. Por un minuto o dos después de haber colgado me quedé sin mover, pensando sobre este pequeño desconocido cuyos padres les estaban enviando lejos. Esto me enojaba. Me preguntaba si esta experiencia lo haría crecer como yo, con una herida dolorosa muy profunda que nunca parecía sanar. Y la culpa de ese dolor la tenía mi padre...

Mi día fue más ocupado que lo usual, pero haciendo los arreglos de vuelo para Jody y para mí, pasó muy rápidamente. Conociendo lo cansado que sería el viaje, me fui a la cama temprano, pero no pude dormir. Me levanté antes que sonara la alarma y a las seis en punto, llevando una bolsa con carros de juguetes, lápices de colores y libros de cuentos, dejé mi casa y me dirigí hacia el Aeropuerto Internacional Kennedy.

Había hecho arreglos para encontrarme con los esposos Ashly en el mostrador de información de la línea aérea y les había dado una descripción de la ropa que estaría vistiendo. Nadie estaba esperando cuando llegué. Luego escuché una voz insegura detrás de mí. "¿Señorita Vázquez?"

Ambos parecían pálidos y tristes, pero cuando les saludé sus rostros brillaron. "¡Oh señorita Vázquez, no hay forma que podamos darle las gracias!"

"Por favor llámeme Lisa. Me alegra que las cosas están saliendo bien".

El señor Ashly me dio un boleto de vuelo para Jody y me dijo que el padre del niño lo llevaría al aeropuerto. Me dio la mano sin decir palabra. La señora Ashly me abrazó. No entiendo por qué se ha molestado en ayudarnos, Lisa, pero el amor de Dios ciertamente está obrando a través de usted."

¿El amor de Dios?, me pregunté sobre eso. El amor de Dios supuesta mente traía paz, pero la llamada del señor Ashly, de la mañana anterior había removido sentimientos dudosos sobre mí misma y resentimientos con los que había luchado y tratado de mantener enterrados casi toda mi vida. Mi padre era el culpable de estos sentimientos. El no me había amado lo suficiente para quedarse conmigo. Muy dentro de mí, yo creía que Dios tampoco me quería.

En ese momento anunciaron la salida de mi vuelo. La familia Ashly me acompañó hasta la entrada de seguridad. "Esta noche Jody y yo nos encontraremos con ustedes en este lugar", les aseguré, y me fui con prisa hacia la puerta de abordaje.

En el avión, con una hilera de asientos para mí, me recosté y cerré los ojos, deseando que pudiera cerrar mis problemas con esa facili dad... Mi madre, como la señora Ashly, creía en el amor de Dios. Ella continuó confiando en Él aún cuando mi padre la abandonó. Eso había sucedido no mucho después de nosotros habernos mudado de Puerto Rico a Nueva York. Había llegado a una ciudad extraña para ella, donde las personas hablaban un idioma que ella no entendía. Ella tenía tres hijos pequeños —yo tenía cuatro años y mis dos hermanas eran sólo unos pocos años mayores que yo— y además no tenía dinero. Sin embargo su fe nunca vaciló. Era expresada en tres palabras que le escuchaba decir una y otra vez. "Dios proveerá".

Y yo tengo que admitir que Él *sí* proveyó, a través de sus buenas personas. Cuando llegamos a la ciudad de Nueva York comenzamos a asistir a una pequeña iglesia y a desarrollar relaciones cercanas con los miembros. Después de irse mi padre, ellos se convirtieron como una segunda familia para nosotros. Una pareja en particular estuvo con nosotros a través de los momentos más difíciles y de más necesidad.

A través de mi vida, a menudo he visto a Dios obrando a través de los demás. En realidad yo no pensaba ser alguien importante para Él.

Mientras el avión se acercaba a Los Angeles, comencé a inquietarme y preocuparme. Aunque los Ashly habían hablado con Jody por teléfono sobre el viaje conmigo, yo me preguntaba cómo este pequeño niño iba a reaccionar al dejar a sus padres y venir a Nueva York con una perfecta extraña. ¿Qué pasaría si se ponía a llorar y se aferraba a su padre? ¿Qué si rehusaba marcharse? ¿Podría manejar una escena emocionalmente violenta? Seguro que Jody estaba confundido y asustado. Todo parecía tan desesperante.

Me volví y miré hacia afuera por la ventana. La altura creaba un mundo místico lleno de nubes que en su formación alcanzaba quién sabe qué cosa. *¿Estás allá afuera, Dios?* Las palabras entraron lentamente en mi mente, como si parte de mí estuvieran resistiéndolas. *Por favor. No estoy pidiendo para mí. Solamente, por favor, sé o cuida o quédate con este pequeño niño y ayúdalo...*

Jody y yo teníamos que abordar el viaje de regreso a Nueva York en menos de cuarenta y cinco minutos después de mi llegada, así que hice los arreglos con la azafata para sentarme cerca de la puerta mientras nos preparábamos a aterrizar para poder bajarme rápidamente. Ya en la terminal, escudriñé la multitud de personas aguardando en el área de espera, buscando a un niño como el de la fotografía que la familia Ashly me había dado. Cerca de la salida, vi a un niño pequeño colgado de la baranda. Instintivamente, caminé hacia él y le toqué su cabello. "¿Eres tú Jody?"

El me miró con los ojos azul cielo más hermosos que haya visto y me sonrió con emoción. "¿Sí?"

El hombre de pie junto a él estaba desarreglado y tenía sus ojos vidriosos. "¿Es usted la señorita Vázquez?", me preguntó con monotonía. Obviamente él estaba bajo la influencia de alguna droga.

"Sí". Dije echando un vistazo a la maleta que él estaba cargando. "Mire, nuestro tiempo es corto. Yo tomaré la maleta y la llevaré a inspeccionar, también averiguaré el número de puerta de salida. Espere aquí".

Me apresuré por el pasillo hasta donde se registraban los equipajes, tomé una identificación para la maleta y analicé la pizarra de salida. Al regresar apurada, noté que el padre de Jody estaba inquieto. Caminaba de un lado hacia otro, girando su cabeza, buscándome. Jody estaba de pie desolado, con el sudor corriendo por sus mejillas.

Oh Dios, por favor, ayúdalo

Corrí hasta donde estaba Jody y me arrodillé junto a él. "¿Hola mi niño, qué te pasa?, le dije, forzando una voz de alegría. "Debieras estar practicando tu sonrisa para tu abuelo y abuela".

"Oh, sí, pensé que me habías dejado". Y luego sus brazos suaves se envolvieron alrededor de mí.

Mi respiración se turbó. Lo atraje hacia mí, tan cerca que podía sentir los latidos de su corazón. Nuestro cariño se entrelazó. ¡Dios había contestado mi oración! Me sentí increíblemente liviana. No solamente aliviada de que Jody confiara en mí, sino también como si hubiese dejado ir un peso que había estado llevando sobre mí por un largo tiempo. Con la simpleza de su corazón, Jody me había mostrado el camino: Que no me aferrara al dolor. Debía dejarlo ir y alcanzar el amor.

¿No es acaso esto lo que debí haber hecho con el dolor que mi padre me causó? Al concentrarme en la falta —culpando a mi padre, a mí misma, aun a Dios— yo había mantenido la herida abierta. No le había permitido al amor de Dios que sanara mi dolor emocional.

Yo abracé a Jody fuertemente. "Por nada del mundo te voy a dejar. Tú estarás junto a mí todo el camino hasta Nueva York".

Me puse de pie contenta y me viré hacia el padre de Jody. El estaba distraído. Le miré con calma. El era joven, probablemente más joven que yo. Al igual que mi padre, él no tenía idea de lo que estaba haciendo —a él mismo y a los demás—. Quizás algún día él podría entender y perdonarse a sí mismo ... y ser perdonado.

"Jody", dije con suavidad, "dale a tu papi un beso de despedida".

Un momento después, tomados de la mano, nos encaminamos hacia la puerta de embarque. Ya en el avión Jody se quedó dormido inmediatamente en mis brazos, con su rostro levantado, relajado y confiando, como el reflejo del mío propio. Fue una buena forma de viajar. La mejor.

"Gracias Padre", murmuré.

EL AMIGO DE BILLY

Karen Gasperino

Los seis de nosotros —mi esposo Joey y yo, y nuestros cuatro hijos— dejamos la casa con tanta prisa ese día de agosto de 1980 que se me olvidó ponerme medias. *No te preocupes, Karen*, me dije a mí misma. *¡Considerando tu estado de emoción, es un milagro que tus zapatos sean iguales!* Solamente unas horas antes habíamos recibido una llamada telefónica de la Madre Teresa, que había visitado recientemente al Papa y al presidente Carter. Ella deseaba ver a nuestra familia durante su corta visita al convento de las Misioneras de Caridad en el Bronx, ciudad del vecindario norteño de Nueva York, un corto viaje en auto desde nuestra villa hacia el norte del estado.

Billy era la razón de la invitación, nuestro hijo de tres años de la India. Este pequeño niño de tres años con su piel canela, nacido sin brazos, se había convertido en un favorito de la Madre Teresa después que él había sido llevado a las Misioneras de Caridad en Calcuta, y ella personalmente le había traído en tren a Delhi para ser adoptado.

Ahora los dos se verían de nuevo por primera vez en un año. Estábamos emocionados de que el resto de nuestros hijos fueran invitados también: Mario de nueve, nuestro hijo biológico; Stephen de seis, nuestro hijo nacido en Corea; y Amy de cinco, nuestra hija de ojos obscuros de la India.

Mientras manejábamos en nuestro auto rojo hacia Nueva York, pensaba sobre nuestra familia. Somos personas comunes viviendo en un pueblo pequeño y tranquilo con cinco iglesias. No somos personas sofisticadas. No somos personas que usted pueda pensar que tienen una familia "internacional", pero esta es la forma en que surgió. Joey comenzó todo, después de haber visto un programa de televisión sobre niños que se quedaron huérfanos después de un terremoto en Sur América. Vio algo sobre esos niños que le tocó. "¿Qué te parece adoptar a un niño cuyos padres se han marchado?", me dijo.

Mis ojos se abrieron. Nunca había pensado seriamente sobre la adopción. Pero ahora sentía un susurro dentro de mí, una pequeña señal de que esto era correcto para nosotros, especialmente la idea de un niño de otra cultura. Así que comenzamos con los papeles, y luego de las complicaciones usuales y demoras, Stephen vino a nuestras vidas. Le amamos tanto que él nos llevó a adoptar a Amy; y luego de disfrutar a nuestra pequeña niña por un tiempo, Joey y yo nos estábamos diciendo el uno al otro, "es tiempo de adoptar a otro".

Llamamos a Kathy Shreedhar, la persona que nos ayudó con los arreglos para Stephen y Amy, y en esta ocasión ella nos preguntó, "¿Qué tal un niño impedido?"

"Creo que no", fue mi reacción.

Pero la reacción de Joey fue: "¿Y quién piensas que se va a ocupar de esos niños?"

Yo luché contra la idea, pero Joey la mantuvo hasta que accedí de que podríamos "sólo considerar" la literatura que describía los niños específicamente impedidos, que estuviesen disponibles para adopción. Joey fue el primero en leer la correspondencia el día que llegó el material a la casa. "¡Mira todos estos niños!", dijo con su rostro iluminado e inocente. "Mira a ver si puedes adivinar cuál me gusta".

Así que "tan sólo estamos considerando, eh?" Comencé a mover ruidosamente página tras página. Luego me detuve, mirando a un pequeño rostro anhelante que parecía decir, mírame. ¿Sin brazos? No importaba. Respiré profundo. "Yo escojo a Billy", le dije.

Joey asintió. "Yo también".

Ahora no podemos imaginarnos nuestra vida sin él.

En el convento, nos llevaron a un pequeño cuarto inmaculadamente limpio con pintura blanca fresca en las paredes y algunas sillas rectas de madera. En su primitiva simpleza parecía el lugar perfecto para conocer a la Madre Teresa. Mientras esperábamos, podíamos escuchar su risa y conversación cálida en el otro cuarto, donde estaba tomando té con las hermanas.

Pronto un movimiento en las cortinas en el pasillo captó nuestra atención. Un rostro de tez obscura, alerta, apareció, con ojos brillantes, bordeado en una túnica blanca con bordes azules; se fue y apareció de nuevo. La Madre Teresa estaba jugando a las escondidas con los pequeños. Luego entró en la habitación, trayendo un aire de vitalidad que añadía estatura a su pequeña y frágil figura. Su rostro brilló mientras sonreía a los cuatro niños. Pero era Billy quien con sus mangas vacías atrajo de ella la mirada más tierna que jamás haya visto. Mientras se miraban el uno al otro, una gran sonrisa apareció a través de su expresión solemne, llenando sus pequeños cachetes, y él inclinó su cabecita contra el hombro de ella.

Mientras Madre Teresa, siempre una maestra, conversaba con los pequeños sobre el colegio y los pequeños detalles de su vida diaria, su mano se movía y tocaba el cabello castaño de Billy. Ella movía su cabeza, mirándole, confortándole. "El se ve tan *bien"*, nos dijo una y otra vez.

Mientras miraba esta escena, algo llamaba la atención de mis ojos con insistencia desde el suelo, buscando mi atención. Al fin pude darme cuenta de lo que era. Bajo su hábito, los pies de Madre Teresa estaban descalzos. Y yo los encontré hermosos. Pies de setenta años, sin embargo plantados con firmeza. Pies usados, pero fuertes como los árboles de roble. Pies lo suficientemente fuertes como para haber viajado a través de siete décadas dando cuidado y consuelo. Pies de sierva que se apresuran o se detienen, dependiendo de la necesidad. De momento yo deseaba arrodillarme y besar esos pies fieles. Pero Madre Teresa no me dio la oportunidad, porque los niños tenían toda su atención. Yo observaba cómo ella miraba desde Billy a Mario a Amy a Stephen y luego de regreso a Billy de nuevo. "Los niños de Dios", le escuché decir suavemente, casi para sí. Y luego se volvió a Joey y a mí. "Gracias", nos dijo.

Y todo lo que yo podía pensar en ese momento era en Jesús lavando los pies de sus discípulos. Ahora, a través de esta pequeña y humilde mujer que estaba de pie delante de mí, Jesús me estaba lavando a mí.

EN BUSCA DE ÁNGELES

Kimberly Love

Los ángeles siempre me han intrigado. Sólo con pensar que voy a encontrarme con un ángel real, hace que mi imaginación salga volando. Me imagino un cuadro de belleza y serenidad. Un alma perfecta enviando un aura de paz, con brazos extendidos abiertos a recibir al preocupado; alas diseñadas para abrazar y luego volar a todas las esquinas del universo en un pestañazo de los ojos de Dios. Ángeles... sus siervos señalados, su mano derecha, invisible a los vivientes. ¿O no?

Cuando tenía veinte años, escuché a una pariente distante decir que en el momento que su padre murió, los ángeles vinieron y lo tomaron. Mi padre y yo escuchamos con intensidad su historia mientras nos quedábamos de pie junto al féretro en el funeral de su padre. Cuando la muerte finalmente le robó su último aliento en la tierra, nos narraba, ella fue testigo de una serenidad en el rostro de su padre que nunca había visto. Era como si ángeles hubieran venido y se lo hubieran llevado de la cama del hospital delante de sus propios ojos.

En ese momento, todo lo que podía hacer era intercambiar una mirada con mi padre. Sin palabras, ambos sabíamos que lo que habíamos acabado de escuchar no venía de alguien con ilusiones desenfrenadas. ¡Esta mujer era una profesora influyente, madre de dos hijos! ¡Si ella testificó que ángeles vinieron y tomaron el alma de su padre al cielo, entonces lo más probable es que lo hicieron!

A los veinte años, yo nunca había visto a un ser humano morir; pero después de escuchar esta historia, ¡casi que lo deseaba! Yo estaba segura de que algún día, yo también, vería a los ángeles en la tierra.

Después de algunos años me casé, nos mudamos a diferentes estados y tuvimos una hija preciosa. Ya no era una jovencita de ojos azorados, sino una mamá sobrecargada de trabajo, cuyo cerebro estaba ocupado con itinerarios de trabajo, demandas, aprobaciones de hipotecas y un millar de preocupaciones. Como la mayoría de las madres jóvenes en los años 80, deseaba lo mejor para mí y mi familia y trabajaba fervientemente para obtenerlo todo. Los ángeles no habían cruzado por mi mente por un buen tiempo. En el momento que mi nivel de tensión había llegado al máximo, supe que mi amado padre había sido diagnosticado con cáncer en el hígado. El no lo sabía en ese entonces, pero sólo viviría unas cuatro semanas más.

¡Inoperable! Mi dolor era sobrecogedor. Todos los problemas que había tenido hasta entonces parecían pálidos frente a esta noticia. Yo no podía imaginarme la pérdida de este hombre maravilloso; mi maestro, mi confidente. Este hombre silencioso, gigante gentil cuyo cerebro cobijaba el mejor sentido del humor del mundo. El cáncer estaba robando el cuerpo de mi papá y el temor estaba robando el alma de mi padre —él simplemente no podía esforzarse a dar la más pequeña sonrisa después de haber escuchado su diagnóstico.

A nuestro rescate vino Hospice.[3] Después de un corto tiempo en casa, papi fue admitido en una de las "habitaciones" de Hospice, en el Hospital de Lakeland en Elkhorn, Wisconsin. Junto a su habitación en el hospital estaba nuestro "apartamento". Aquí nuestra familia podía dormir, comer, leer, ver televisión, conversar libremente y aun estar disponible para papi en cualquier momento. Familiares y amigos venían diariamente para ofrecer su amor y apoyo. Mejor aún, mis padres celebraron su último aniversario de bodas rodeados de familiares y amigos en esa habitación. Todos cantaron y comieron el pastel mientras papi estaba acostado en silencio en un mundo de dolor. El se las arregló para pasar ese día —él no quería morir en la fecha que se casó.

El siguiente día trajo agonía y sufrimiento, sólo la morfina podía aliviarlo. Papi estaba yéndose rápidamente y la idea de los ángeles me perseguía. Yo necesitaba salir afuera y caminar un rato con mi esposo. Mientras caminábamos, compartí con él la historia que había escuchado hace mucho tiempo atrás —la historia de los ángeles—. ¿Podrían las huestes celestiales escoltar a mi padre de su lecho de muerte hacia la vida eterna más allá de las nubes? ¿Estaremos presentes para ser testigos de la gloria de este hecho? Afortunadamente, Glenn no se rió, ni tampoco pensó que estaba loca. Nosotros sencillamente pensábamos en esto mientras caminábamos juntos.

---

3.   Hospice u Hospicios son organizaciones de Hogares de Convalecencia

Llegó la noche y mi madre estaba preocupada y con ojos llorosos. Mi hermana, su esposo y sus hijos pequeños necesitaban un cambio de escenario y una comida decente. En su nuevo papel de patriarca, mi único hermano le sugirió a la familia que fueran a su casa y que tomaran el descanso que tanto necesitaban.

Mi esposo y yo no podíamos irnos; ni teníamos ninguna intención de salir de allí. Yo estaba determinada a ver los ángeles. Deseaba estar allí cuando el rostro de papi tomara la serenidad sublime. ¡El lo merecía! El había sufrido tanto ese día, y si iba a morir pronto, una parte de mí —mi juventud— le acompañaría. Nos quedamos y prometimos telefonear en caso de emergencia.

Excepto por el sonido suave de las gotas de lluvia al caer contra el cristal de la ventana, y la profunda y trabajosa respiración de papi, el cuarto estaba en silencio ahora. Yo miré, con mi corazón destrozado, como esta concha de lo que fuera una vez un hombre fuerte que amaba, ahora luchaba para mantenerse en este mundo. El rostro de papi era de un gris cenizo, sus ojos no estaban completamente cerrados y su apariencia daba miedo.

Una enfermera del hospicio, entró y nos ofreció algunos consejos que recibimos de buena gana. Ella sugirió que por ser el oído, el último sentido que se perdía, es que debíamos hablarle a mi padre; y así lo hicimos —gritándole—. Comenzamos a decirle lo que deseábamos que recordara. Le dimos las gracias por nuestra boda; él firmó nuestro libro de invitados, escribiendo: "¡Papá Olson en quiebra!"; por la universidad; por la vida como la conocimos con él; por todos sus chistes malos. Le gritamos nuestras gracias en su oído. El nos escuchó, yo lo sé. Cuando no tuvimos nada más que decir, por alguna razón le dije que se dejara ir; deseaba decirle que estaba bien. El hubiera hecho lo mismo por mí. Varios minutos de silencio más tarde, papi exhaló su último aliento.

La muerte no dejó a mi padre como si hubiera visto las huestes celestiales. El estaba como si hubiera sido linchado por el Segador ... deforme. Yo estaba horrorizada. Grité por dentro, *¿Así, que esta es la muerte? ¿Cómo podía ser tan tonta de creer en ángeles? ¿Dios, dónde se encuentran ellos para este hombre quien te sirvió tan fielmente durante toda su vida?* Mi esposo y yo lloramos abiertamente. Aun una enfermera joven del Hospicio, contuvo sus lágrimas.

Por alguna razón, de pronto regresé a la realidad de esta situación y entendí que mi familia tenía que ser llamada. Ellos desearían regresar al hospital. Me volví a Glenn y dije: "Ayúdame. Mami no puede ver a papi así". Juntos cerramos con cuidado los ojos de mi padre y su boca abierta. Yo arreglé su cabello y la cama, y con la ayuda de las enfermeras, lo subimos un poco y cruzamos sus manos. Papi lucía sereno ahora —en paz.

Desde la puerta de la habitación de papi, observamos cuando mi familia salía del elevador y caminaban tomados de la mano hacia nosotros. Como unos anfitriones, Glenn y yo les guiamos al lado de la cama de papi. Mi madre, ofuscada y triste, sonrió con ternura y dijo, "El se ve tan dignificado". Toda la familia estuvo de acuerdo.

Yo compartí una mirada de respeto con mi esposo. Sabíamos sin lugar a duda que habíamos hecho bien nuestro trabajo. Nosotros no éramos exactamente los seres celestiales que siempre había deseado ver, pero sí sé que éramos los señalados por Dios para ayudar en esa noche. Habíamos sido escogidos largo tiempo atrás para estar por encima de lo que habíamos sido testigos. Se nos dio la rara oportunidad de decir adiós y gracias juntos, la fortaleza de sostenernos el uno al otro y la buena fortuna de ayudar a mi padre a cruzar el umbral a la vida eterna. Nuestra carga era pesada, pero con la ayuda de Dios, se volvía liviana; en todos los sentidos.

Vimos ángeles esa noche —nosotros mismos.

Servicio

Hay formas extrañas de servir a Dios;
Barres una habitación o cortas el césped,
Y de momento, para tu propia sorpresa,
Escuchas las alas de un serafín,
Y descubres que estás bajo su sombra preciosa
Edificando su obra que no tiene fin.

Herman Hagedorn

ÁNGELES SOBRE EL ATLÁNTICO

James A. Sills

Septiembre 8 de 1984. Todo el día, oleadas de un mar embravecido habían irrum-
pido contra la playa adyacente a la base de
la Fuerza Aérea Patrick, en la costa este de
los Estados Unidos. Las observamos desde
nuestro centro de operaciones de helicópteros
pequeños alineados en el ala aérea de Rescate
y Recuperación #39. Las olas eran producidas por la
tormenta tropical Diana, que estaba alcanzando pro-
porciones siniestras en el Atlántico.

A medida que colocábamos nuestros helicópteros
en los hangares azotados por el viento, tenía la esperanza de no ser
llamado en medio de la tormenta que se avecinaba. *Pero realmente
para eso es que estábamos allí,* razoné, pensando en la insignia que
llevábamos en nuestros hombros: un ángel con alas blancas circulando
sobre la tierra. Una emoción hermosa. En realidad sería un aviador en
traje de vuelo con botas de combate quien estuviera arriesgando su
vida ese día.

¿Serían nuestros "ángeles" llamados esta noche?, me preguntaba
mientras el edificio temblaba con los vientos que se intensificaban.

Mi respuesta no se hizo esperar: Un sargento, inclinándose por el
viento, vino corriendo con un mensaje revoloteando en su mano. Es
una llamada de auxilio enviada desde el centro de la Fuerza Aérea de
Coordinación de Rescate en la Base de la Fuerza Aérea de Scott, cerca
de St. Louis. Ellos la recibieron del Centro de Rescate de la Guardia
Costera de E.U. en Miami, cuyo radio lo recogió de un barco oceano-
gráfico ruso, el *Akademik Kurchatov,* moviéndose a unos 175 kilómetros al este de nosotros, afuera en el Atlántico. Su doctor aparenta tener
apendicitis aguda. ¿Le podremos llevar a un hospital?

¡Rusos! Las palabras se detuvieron en mi garganta. Cuántas veces
bajo la vigilancia del helicóptero he tenido que perseguir a barcos
soviéticos merodeando los alrededores del área de lanzamiento de

Cabo Kennedy. De alguna forma ellos siempre aparecen justo cuando un lanzamiento espacial se planea.

Ninguno de ellos tiene problemas.

Sin embargo sé que el motivo de nuestra insignia en el hombro, que dice: *Que otros puedan vivir,* no especifica ideología o nacionalidad. Tenemos que llevar a ese ruso al hospital.

Rápidamente revisé el procedimiento: Volar un helicóptero a su barco, dar vueltas mientras bajamos el "PJ" (para saltos) en un cable, retirar a los dos hombres y llevar al doctor al hospital. Durante tiempo calmado es riesgoso. ¿Pero durante una tormenta tropical en toda su fuerza...?

Retrocedí mientras pensaba en nuestro helicóptero el "Alegre Gigante Verde" a salvo en el hangar. Su cable usado se trababa en ocasiones o se zafaba sin aviso. La mayoría de nuestros helicópteros verdes —mostaza son sobrevivientes de Vietnam, algunos aún tienen huecos de balas.

Ah, pero la respuesta está a la mano. Afuera en nuestra rampa está posado un visitante listo para rescate, azul y blanco, Marina CH-46 con una buena agarradera. Sus dos motores están calentándose, y el piloto dice que está listo para salir.

Nuestros dos miembros del equipo, los sargentos Craig Kennedy y Mike McFadden, suben en el helicóptero de la Marina, y con un rugido desaparecen en su vuelo.

Me alivia saber que la ayuda va en camino al afectado doctor ruso, pero pronto un sargento reporta: "Capitán, el helicóptero de la Marina envió una comunicación de radio que han perdido la sincronización rotora. Simplemente no pueden combatir el viento".

Por un buen momento me quedé mirando la tormenta, luego me viré y le grité a mi cuadrilla, "¡Se rompió el pájaro de la Marina! ¡Tenemos que salir!" El armatoste del Alegre Gigante Verde, con sus grandes asas rotoras sonando contra el viento, es sacado del hangar.

Ya de regreso el helicóptero de la Marina aterriza en la rampa; nuestros dos ayudantes brincan de él y corren hacia nuestra nave. Con Bob Rice como ingeniero de vuelo con el equipo y el copiloto capitán Dave Wetlesen a mi lado, levantamos el Alegre Verde y a las 6:50 P.M. despegamos.

Nuestro pájaro guiñaba y se estremecía contra el viento a medida que nos dirigíamos hacia el mar. Navegamos por puro cálculos, (si no calculas bien estás muerto), pero supimos que sobre el barco soviético un avión Falcón de propulsión a chorro equipado con un radar de la

Guardia Costera estaba dando vueltas. Por medio de nuestro radio, ellos nos guiarían hasta la nave rusa con las directrices vector de compás hacia adelante.

Entramos en una profunda obscuridad mientras los vientos nos tiraban de un lado a otro como cuando un perro mueve un hueso. Los miembros de la tripulación se aferraban de los puntales y yo luchaba para mantener el curso, mi mano derecha aferrada al círculo que controla los movimientos laterales, mi mano izquierda sobre el colectivo que nos levanta o nos baja, los pies trabajando sobre los pedales del rotor de la cola. Es como tratar de jugar con cuatro pelotas de baloncesto a la vez.

Debajo la lluvia azotaba el plexiglás, y olas gigantescas llenas de espumas nos ofrecían sus garras.

¿Cómo podremos bajar a un hombre a una cubierta que se está moviendo como un elevador alocado?

Moví mi cabeza, pedaleando de forma correcta para echarnos hacia atrás, hacia el vector debido.

De momento el plexiglás se hinchó. ¡Los limpia parabrisas dejaron de funcionar!

¿Qué más puede suceder mal? ¿Podrá el cable aguantar?

Yo sé que Dave Wetlesen al lado mío estaba orando. El es ese tipo de persona. Y yo, contaba con mis años de entrenamiento y experiencia de rescate.

Pasó más de una hora mientras que el quejumbroso radio nos alimentaba con direcciones de vector. A través del plexiglas empapado vi el brillo de luces al frente: el barco ruso. A medida que nos acercábamos me preocupaba por el bosque de mástiles y grúas que se movían violentamente de un lado a otro bajo el borrascoso mar.

Es como bajar a un hombre dentro de una trituradora de comida gigante.

Luego descubrimos un pequeño cuadrado de veinte pies en medio del navío. Varios marineros soviéticos nos hacían señas desde allí. Esa es nuestra meta.

El barco *Akademik Kurchatov* de 350 pies, navegaba a 15 nudos. Avisamos por radio al capitán que se alineara con el viento y redujera la marcha.

La nave se alineó con el viento pero no disminuyó. Evidentemente su intérprete no era muy bueno. Yo hacía muecas, tratando de mantener nuestro helicóptero a la par con el movimiento del barco. Directamente sobre él, perdí de vista la nave y también la percepción de profundidad.

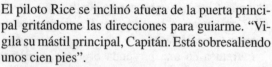

El piloto Rice se inclinó afuera de la puerta principal gritándome las direcciones para guiarme. "Vigila su mástil principal, Capitán. Está sobresaliendo unos cien pies".

¿Cien pies? El cabello en mi cuello se erizó. Nuestro cable de rescate es de solamente 135 pies de largo. Yo casi podía sentir ese mástil cortando la piel de aluminio de la barriga del helicóptero.

El ayudante McFadden, amarrado con el cable, está en posición a la puerta.

"¡Todo limpio!", grité. El desapareció en la obscuridad debajo de nosotros. Rice dirigía cuidadosamente la maquinaria usada del cable mientras me decía: "A la derecha veinte pies... suave... más a la derecha... está bien, *"¡deténte!"*

Mis manos y pies instintivamente manipulaban los controles para mantenernos sobre el lugar.

Deja que él evada esos mástiles.

"Cien pies... uno... veinte... uno... veinte..." gritaba Rice mientras él soltaba el cable hasta casi el final. McFadden debía alcanzar pronto la cubierta.

"¡Oh mi Dios!", exclamó Rice. "¡Detente adelante!"

"¿Qué sucede?", me asusté mientras echaba hacia atrás el ciclo, suavizando nuestro movimiento hacia adelante.

"El barco aminoró de momento, Capitán, y nos fuimos de ruta. McFadden se enredó en una antena, luego fue lanzado contra la superestructura".

Me sentí enfermo. El golpe contra la pared de hierro puede romper cada hueso en su cuerpo.

"¿Cómo está? ¿Puedes verlo?"

Rice miró en la obscuridad. Luego exclamó con alivio. "McFadden está bien, Capitán. El se levantó. ¡Nos está dando una señal con su meñique hacia arriba!"

Gracias Señor.

El helicóptero sonaba como un caballo loco mientras luchaba por sostenerlo sobre los mástiles y las torres que giraban en el barco. Abajo sobre cubierta, el doctor se torcía de dolor, asido a nuestro ayudante, quien amarró a ambos en el arreo y nos dio la señal para subirlo.

La máquina sonaba, y yo me encontré orando por esa máquina hasta que los dos hombres empapados estuvieran a salvo.

Ahora teníamos que volar unos 240 kilómetros hasta el hospital en Titusville, Florida, luchando contra los vientos de la tormenta tropical. Continuamos a lo largo a una velocidad de sólo 80 kilómetros por hora. Teníamos poca gasolina. Gracias a Dios que el avión de propulsión a chorro Falcón está aún allí, un ángel, realmente. Volando sobre nuestro lento vehículo, en una figura como un ocho, él nos guiaba a través del tiempo, alrededor de la peligrosa tormenta eléctrica.

Exhausto, me viré sobre los controles hacia el copiloto Wetlesen y me lancé hacia atrás. Ahora todo lo que tenemos que hacer es — *¡Boom!* Una luz blanca y azul nos cegó y todo explotó a nuesto alrededor. ¡Rayos!

Me ericé. Los rayos aman los helicópteros y aeroplanos.

¿Qué más puede suceder?

Otro rayo nos sacudió. ¿Volveré a ver a mi esposa Sindi, y a mi hija de diez años, Christine?

Luego recordé Alaska, mi estación anterior: seis años de un rescate casi diario que milagrosamente sobrevivimos. En una ocasión una montaña escondida en la niebla, a sólo unas yardas de distancia, apareció súbitamente frente a nuestra ventanilla. La evadimos maniobrando el helicóptero de lado. Luego el peñasco en la tormenta huracanada de granizo, que luego supimos que nuestra nave había evadido por pulgadas. Algo, *alguien* nos había ayudado a pasar. Una paz vino sobre mí; yo me encontré relajado, y el ruido del helicóptero aminorando. *Quizás,* pensé, *quizás cuando las personas trabajan duro para ayudar a otras, Dios les da ese algo adicional para ayudarlos.*

¿Acaso no era nuestro lema, *que otros puedan vivir,* otra forma de decir: "Nadie tiene mayor amor que este, que uno ponga su vida por sus amigos" (Juan 15:13)?

Pensando en la insignia de mi compañero, me encontré sonriendo. Quizás cuando nos encaramos a lo imposible, Él nos da ángeles también, ángeles reales, algo como el avión Falcón de propulsión a chorro, invisible sobre nosotros, guiándonos hacia la seguridad.

"¡Luces, Capitán!"

Es Melbourne, Florida. La costa.

Pronto aterrizamos sobre el asfalto, que estaba resbaloso por la lluvia, del hospital de Titusville; los médicos entraron rápidamente al doctor ruso en la sala de emergencia. Eran las 9:10 P.M. Mientras estaba de pie junto a nuestro fiel Alegre Verde, miré hacia arriba y le di palmaditas en su costado con afecto.

Luego uno de mis hombres vino corriendo. ¿Ahora qué?

"Capitán, parece que estamos en problemas. El Departamento de Estado dice que ellos no le han dado la entrada al ruso en el país".

Lo miré a él y él me miró. Luego ambos miramos hacia arriba al rostro lluvioso de la tormenta Diana, y nos reímos.

LA SEÑORA B. Y SUS PANECILLOS DE MANTEQUILLA

Idella Bodie

Era el año 1948. En nuestro frío apartamento —las barracas del ejército de la Segunda Guerra Mundial convertidos en casas de ex-GI-, yo caminaba sobre el suelo de concreto con mi hija de brazos, Susanne. Mis manos me dolían. Un dolor como de pinchazos de agujas punzaba mis hombros y me subía hasta el cuello.

A través del gran ventanal de ambos lados del área que incluía sala-comedor-cocina, miré hacia afuera al crudo viento que tiraba las hojas sobre el asfalto que se extendía sobre hileras tras hileras de casas color verde del ejército. El desespero me cobijó como la noche de invierno que se avecinaba.

Hacía poco más de un año que me había casado con Jim, un estudiante de ingeniería en la Universidad de Carolina del Sur. Ambos teníamos veinte años de edad. Nuestros planes incluían el que yo trabajara hasta que él terminara de estudiar, pero un embarazo prematuro había acabado con eso. Siempre había deseado una familia, y le daba gracias a Dios a diario por nuestra preciosa hija, pero mi cuerpo, mi mente y mi alma estaban cansados. Podía sentir mi celo de vivir escapándose y no tenía el poder de hacer nada al respecto.

Jim vendría pronto de su trabajo vendiendo zapatos después de las clases —un trabajo que había tomado para suplir nuestra entrada de $90 a la semana de la cuenta del ejército—. Tendríamos nuestra usual cena de fin de mes, de emparedados de queso a la parrilla y mermelada de manzana antes que se lanzara sobre sus agotadores estudios académicos.

A la edad de veintiún años y sin dinero (el nacimiento de un bebé había acabado con lo poco que habíamos podido ahorrar) y cansados hasta los huesos de estar luchando con una hija con dolores de cólicos hasta altas horas de la mañana.

Había tratado de alimentar a nuestra infante con más frecuencia, con menos frecuencia, poner una botella tibia en su pequeño estómago, y cualquier otra recomendación que me daban para calmar sus gritos de dolor y sus retortijones. Pero nada funcionaba, excepto cargarla acercándola a uno mientras caminaba y le daba palmaditas en su espalda. Sin embargo eso requería energía y las mías se estaban acabando como el deslucido líquido de lavar de la cocina.

Afuera vi a la señora B., la administradora de los apartamentos. Ella se afanaba caminando contra el viento, y su abrigo color marrón sin forma volaba tras ella. Mechones de pelo gris se movían bajo el sombrero extraño de fieltro que siempre usaba.

Instintivamente caminé hacia atrás, alejándome de la ventana para que no me viera. Yo no estaba con ánimo de escuchar su feliz manera de conversar. Todo el mundo sabía que ella tenía una reputación de ¡hablar más que un papagallo!

Caminé a través de nuestra larga habitación hacia la ventana de atrás. Entre las tenues sombras de afuera, yo podía ver el humo negro salir de las chimeneas de cada apartamento —montañas de carbón sobrantes de la vieja base aérea de la Armada de Columbia, serían provista para nuestros grandes hornos de hierro para calentarnos y cocinar.

"Oh Señor", suspiré, "¿dónde estás? ¿Qué sucederá con nosotros?"

Como respuesta a mi plegaria, un golpe al otro extremo de la habitación me sorprendió. Aún moviendo y dándole palmaditas a mi agitada hija contesté el toque.

Era la señora B. con un mensaje telefónico. "Querida", me dijo ella a través de la puerta que mantenía entreabierta con mi mano libre, "tu esposo acaba de llamar. El auto se rompió y no desea que te preocupes por su tardanza".

¡Oh, no, otra vez! Mi mente gritó. Y sintiéndome algo turbada por no invitar a la señora B. a entrar, le di las gracias y cerré la puerta contra la brisa helada. Me imaginaba a Jim temblando en la transitada carretera mientras se inclinaba bajo el capote de nuestro auto usado, un Chevrolet del 36. Trataría de repararlo él mismo —no había ningún dinero para reparaciones.

Pobre Jim. ¿Qué pasaría si no lo podía arreglar en esta ocasión? La noticia fue como si me tiraran una sábana negra sobre los temores que ya acechaban mi mente.

Oh Dios, me siento tan mal. ¿Cómo podremos salir adelante? Yo deseaba arrastrarme hasta la cama, cubrirme con el cubrecama hasta la cabeza, y quedarme dormida para siempre.

Acercándose la obscuridad, prendí el bombillo que colgaba del techo. Estaba a punto de cerrar las cortinas, encerrándonos en otra noche en medio de nuestra lucha por sobrevivir, cuando pude ver a la señora B. en la puerta de atrás. *¿Qué desea ella ahora?*

En pocos minutos ella estaba de pie en el medio del piso de la cocina y levantó un mantel blanco revelando una vasija de panecillos de mantequilla dorados, cuyas cortezas estaban juntos en hileras ordenadas, con fragancia a recién horneado.

Yo tenía el hábito de llorar siempre que estaba triste y alguien era bondadoso conmigo, y sentí que mis labios comenzaban a temblar. Tragué, le di las gracias y cambié mi vista para que ella no viera las lágrimas saliendo del sollozo que subía por mi garganta.

"Querida", me dijo en su timbre de voz aguda, "el placer fue todo mío. Tú ves, yo pude ver los panecillos crecer". Luego ella dejó salir una risa que le brotaba desde adentro y cerraba sus ojos. "Y sabes, algunos días yo me siento como una vieja masa de pan".

Yo tuve que haberla mirado con curiosidad, porque ella me explicó: "Al ver el milagro de la masa de harina creciendo, veo cómo mi Señor me moldea para convertirme en algo de valor, igual que Él hace con mis manos, y de nuevo me entrego a Él.

Saqué una silla de debajo de la mesa de la cocina y la señora B. se quitó su abrigo y cargó a mi bebé. Sin decir palabra, se la di y observé mientras ella se sentaba y atraía al bebé a su pecho.

"Sí, señor", ella continuó, "si mi Señor puede tomar un pedazo de masa vieja de harina y hacer panecillos dorados de ella, imagínate cuánto más podrá hacer Él con una de sus criaturas. Yo vivo de acuerdo al Salmo 31:1 -¡En ti, oh Jehová, he confiado!"

La señora B. parecía tener el toque adecuado, porque mi bebé estaba extrañamente silenciosa. Cuando la señora B. no se estaba moviendo y haciéndole sonidos a la bebé, estaba hablando. "De la misma forma que tengo fe que mi leche de mantequilla y mi harina de hornear harán que los panecillos crezcan, yo tengo la certeza de que Cristo me va a animar cuando estoy triste".

¿La señora B. triste? Yo nunca hubiera pensado en tal cosa. Ella siempre estaba contenta, aparentemente por encima de toda circunstancia —no como yo, la melancólica.

Puse los panecillos fragantes dentro del horno caliente sobre la estufa, mantuve el fuego y me senté en la otra silla de la cocina para escuchar la conversación sencilla que surgía del corazón de la señora B.

Poco tiempo después cuando vi a la señora B. ponerse el abrigo y salir, yo supe que mi espíritu había sido edificado. Alimenté a mi hija y moldeando su cuerpecito al mío, medio dormida, la acosté en el coche que usábamos como cuna. Luego con un toque de energía que no había sentido en largo tiempo, subí al gabinete donde almacenábamos la jalea de zarzamora, hecha desde el verano anterior de unas bayas recogidas a lo largo de la carretera.

Cuando Jim llegó, el peso de los problemas se notaba en su rostro. Yo me había aseado y había puesto la mesa con lascas de quesos, salsa de manzana y jalea de zarzamora. La luz de una vela daba la luz tenue de una ocasión especial. Luego saqué los preciosos panecillos de mantequilla de la señora B., del horno caliente y su aroma llenó la habitación.

Con el coche cerca y tocándolo ligeramente con mi pie para mantenerlo moviéndose ligeramente, la bebé callada —milagrosamente—, miramos cómo brincaba la llama de la vela.

Viendo el rostro de Jim relajándose, supe que la fe de la señora B. era contagiosa. Y allí en la penumbra de la luz de la vela, nuestra pequeña familia —padre, madre e hija— entró en un suave círculo de amor con Dios en el centro.

En mi angustia había dudado de la presencia de Dios. Había derramado mi corazón en mi miseria, pero no había dejado, como dijera la señora B., que Él tomara control de mi cuerpo cansado y me moldeara de nuevo.

Desde entonces, siempre que me deprimo, recuerdo a la señora B. y sus panecillos de mantequilla. Me recuerdan que debo poner mi confianza en el Señor, porque yo sé que Él está aquí y me levantará.

Nuestro visitante del domingo

Shirley McClintock

Boing... boing... boing... El reloj de la cocina estaba dando las siete cuando finalmente escuché a Ken entrar por la puerta delantera, y le hubiera podido *golpear.* De nuevo, tarde para cenar. Puse la cazuela en el horno con furia mientras Ken colgaba su abrigo y se dirigió hacia nuestros hijos Steven y Tim.

Me di cuenta de que mi esposo, un abogado con una oficina generalmente ocupada, no podía sacar a cada cliente afuera de su oficina a las cinco en punto. ¡Pero él ni siquiera trataba! Si alguien tenía un problema, le dejaba hablar y hablar y hablar. En ocasiones Ken ni siquiera le cobraba, sin tomar en cuenta que necesitábamos el dinero.

Cuando entró en la cocina unos minutos más tarde y preguntó: "¿Está lista la cena?" Yo exploté.

"¡No, no está lista! ¿Por qué debiera estarlo? ¡Yo nunca tengo ni idea cuándo vas a llegar a casa!"

"Perdona", se disculpó. "Tenía una cita tarde". Miró alrededor de la cocina, dándose cuenta del estado exacto de la preparación de la comida con una precisión legal. "¿Puedo ayudarte? ¿A poner la mesa o hacer la ensalada?"

"¡Sólo sal de la cocina y déjame sola!", le ordené.

Aturdido, Ken se retiró.

Tres minutos más tarde cambié de opinión. "¡Ven quédate conmigo!", le pedí. Pero Ken estaba leyendo el periódico y no me escuchó.

Cuando finalmente cenamos, lo hicimos en silencio. Últimamente nuestro matrimonio parecía una tregua del ejército. Mientras más rogaba por franqueza y comunicación, más silencioso y retraído se volvía Ken. Mientras más se retraía él, más me enojaba yo.

"¡Háblame!", le rogaba. "¡Quiero saber lo que piensas, lo que sientes!" Terminé de rogarle sin poder decirle: "Ámame... déjame saber que verdaderamente me amas".

Toda mi vida he añorado el tipo de amor que me envuelva y me proteja. Mis padres me amaron y yo había experimentado varias revelaciones del amor de Dios. Pero deseaba algo más —algo que nadie, ni siquiera mi esposo, parecía posible que pudiera darme. ¿Habría acaso algún secreto profundo y obscuro en cuanto al ser amado? ¿Acaso solamente algunas pocas personas lo experimentaban?

Nuestro matrimonio estaba a punto de romperse, pero nadie lo sabía. Ni nuestros familiares, ni nuestros amigos, ni los miembros de nuestra iglesia. En apariencia éramos una buena familia cristiana. Íbamos a la iglesia cada semana. Ken narraba la cantata de Pascua de Resurrección y yo ocasionalmente cantaba solos. Practicábamos la hospitalidad bíblica: "Brinden espontáneamente sus hogares a los que alguna vez puedan necesitar albergue o un planto de comida". (1 Pedro 4:9, BD).

En realidad, así fue como Hall Moxley llegó a nuestras vidas. Yo sentía tanta lástima por el pobre hombre que le invité a comer a nuestra casa un domingo.

Ken y yo habíamos conocido a Hall superficialmente por años. En un tiempo él había sido un ganadero prominente y granjero de éxito, pero su comportamiento errático e impredecible, y las pobres decisiones de negocio le habían costado todo. Poco a poco, él perdió sus vacas, su tierra y aun su familia.

Finalmente los doctores descubrieron su problema: un tumor grande con raíces que llegaban profundamente dentro del cerebro. Ellos habían podido quitar sólo parte del mismo. Tratamientos de cobalto le ayudaron pero sólo podía atrasar el crecimiento del tumor.

Una comida hecha en casa no era mucho, pero era todo lo que podía ofrecerle. Además, era alguien con quien poder hablar. Ken ya no me hablaba a mí. Hall era considerado un poco extraño por algunas personas, ¿pero qué importaba? Después de todo sólo era una cena.

Para nuestra sorpresa, ¡el tenerlo a él fue divertido! Sus halagos acerca de la carne asada y el pastel me encantaron. "¡Mmmmmm! ¡Esta comida está-a-a-a deliciosa!", decía una y otra vez. Con su codo le dio a Tim, quien estaba atragantándose con la comida. "¡Despacio muchacho! Toma tu tiempo y disfruta la deliciosa cena".

Más tarde Hall nos dijo cómo el amor de Dios le había sostenido a través de cada crisis. Ni siquiera la noticia mala del doctor "dándole quizás sólo seis meses de vida", sacudió su viva fe o su deseo de compartir el amor de Dios con otros. La preocupación especial de Hall era por los enfermos. El visitaba el hospital y el asilo de ancianos cada semana.

"Sólo dos cosas me duelen realmente", confesó él. "Perder a mi familia y no poder leer la Biblia como lo hacía antes. ¡A veces me toma una hora leer diez versículos de la Escritura!"

Luego se animó. "¡Pero aún puedo amar! Y eso es lo más importante que existe".

Hall —siempre usando el mismo traje marrón de corte de vaquero— resultó ser un visitante regular los domingos. Los niños lo consideraban su mejor amigo; él brincaba y jugaba a la par con ellos. Le proveía compañía a Ken, fuera de la oficina. ¿Y a mí? Yo disfrutaba su franqueza, sin mencionar su aprecio por mi comida. A veces su visita era lo que iluminaba mi semana. Un domingo, cuando Ken salió de la habitación, yo derramé sobre él la historia de nuestros problemas matrimoniales. "¡Ken no se comunica conmigo!", yo lloraba. "¡El no da de sí mismo!", bajando mi voz para que Steven y Tim no me escucharan. "Estamos considerando separarnos. Ken se ha quedado a dormir en la oficina en las últimas noches".

La frente de Hall se arrugó con angustia."¡Oh, no Shirley! ¡Tú no puedes permitir que tu familia se rompa! ¡No! ¡No! ¡No!"

Allí mismo, inclinó su cabeza, dobló sus manos rudas y oró por nosotros: "Amado Jesús, por favor ayuda a mi buenos amigos Ken, Shirley y los niños. Y por favor muéstrame cómo yo puedo ayudarles también. Amén".

El se viró hacia mí. "Yo voy a orar por ti, cada día, Shirley", me prometió.

Le di las gracias, pero dudé que se acordara. ¡Su memoria era tan pobre! De todas formas, yo no podía entender cómo una oración tan simple, como de niño, podría ayudar nuestros complicados problemas.

Hall me sorprendió. El se acordó, él oró, y un par de semanas más tarde me dijo que había recibido una respuesta. "El Señor me mostró dónde tú y Ken deben comenzar", insistió.

Cuando terminé con los platos de la comida, Hall hizo que Ken y yo nos sentáramos a la mesa del comedor. El tomó dos hojas de papel de su bolsillo, y encontró un par de lápices y nos los dio.

"Shirley", dijo él austeramente, "escribe cinco cosas que te gustan de Ken". El se volvió a Ken. "Ken, tú escribe cinco cosas que te gustan de Shirley".

Ken y yo nos miramos avergonzados."¡Oh Hall no! ¡Esto es ridículo!"

"¡Escribe!", ordenó, doblando sus brazos y mirándonos fijamente.

¿Cinco cosas? Yo no podía pensar en la primera. Miré a Ken. Su lápiz estaba de punta sobre un papel blanco. Luego noté sus brazos —esos brazos, velludos y fuertes que me habían atraído a Ken desde el primer momento—. Aún me gustan, así que escribí: *#1. Brazos fuertes y velludos.*

Pensé otro buen tiempo. Ken no solamente era fuerte, sino también gentil: *#2. Su gentileza.* Y Ken era paciente: *#3. Su paciencia.* ¡Tremendo! Tres escritas, sólo dos más. Bueno... Ken era siempre amable, y prácticamente nunca decía nada malo de nadie: *#4. El era amable. #5. Raramente criticaba.*

Yo asumí que Hall iba a orar por nuestra lista. Estaba equivocada: "Ahora tienen que leer su lista al otro".

¡Qué revelación! Habían pasados años desde que le había *dicho* a Ken cómo me gustaban sus brazos. Él nunca me había dicho que apreciaba mi cocina y habilidades en la casa. Yo nunca le había dicho, "Gracias, Ken, por ser paciente y amable". Él nunca me había dicho, "Yo amo tu honestidad y percepción".

De momento el ejercicio tonto de Hall no parecía tan tonto.

Al paso de las próximas semanas, Hall nos hizo escarbar en nuestro trasfondo. Descubrimos que mi familia había sido emocional aun explosiva, mientras que la de Ken era reservada. Bajo la guianza de Hall, discutimos nuestras expectativas del matrimonio —espirituales, financieras y físicas. Hicimos lista de rasgos o gestos y hábitos que deseábamos que la otra persona cambiara. Admitimos nuestros propios defectos el uno al otro. Más tarde, cuando buscamos más consejería, descubrimos que el método de Hall había sido similar a los que muchos profesionales usan para ayudar a las parejas a comunicarse mejor. Pero las ideas de Hall habían venido a él a través de la oración y la inspiración del Espíritu Santo.

Nuestro matrimonio mejoró, pero yo aún sentía una sensación de vacío, que me molestaba. El secreto del verdadero amor aún se me escapaba. Jesús lo conocía. Hall lo conocía. ¿Lo conoceré yo? ¿Alguna vez?

No tuve mucho tiempo para meditar en ello, porque la condición de Hall fue deteriorándose. Él vivió, increíblemente, ocho años desde que el tumor había sido descubierto. Ahora estaba creciendo de nuevo —rápidamente— y nada podía detenerlo.

Dos veces por fuego, trágicamente se consumió la casa de Hall y sus pertenencias. Finalmente, fue llevado a una casa de cuidado donde había visitado a pacientes tantas veces. Su mente estaba casi ida, su cuerpo tan acabado que apenas podía levantar su cabeza de la almohada. Pero aún podía amar. Eso era obvio por el resplandor en su rostro cuando alguien mencionaba a Jesús.

Hall murió el 3 de septiembre de 1984. Su funeral fue una celebración de victoria. Hall no solamente había vencido sobre increíbles circunstancias adversas, sino que había tocado cientos de personas con el amor de Dios. La iglesia llena de flores rebosaba con esas personas: negras y blancas, ricas y pobres, ancianos y jóvenes.

A medida que el órgano señalaba el final del servicio, yo miré más allá del féretro a Ken. Sabíamos que ambos íbamos a extrañar a Hall, sin embargo me consolaba saber que su odisea había terminado. Ahora estaba en casa con el Señor, sano y libre. Mientras pensaba sobre eso, sonreí a través de mis lágrimas. Ken me devolvió la sonrisa.

Lentamente mi corazón registró algo. *Yo sonreí... Ken me devolvió la sonrisa.* Yo di... Ken respondió.

En ese momento, ese simple intercambio de sonrisas, se quedó conmigo. Comencé a entender lo que Hall me había mostrado, pero estaba muy encerrada en mí misma para buscar ese amor en formas positivas. Le di gracias a Dios porque pude cambiar. Iba a comenzar a amar a Ken esa noche —cocinándole su comida preferida—. Iba a poner una cerradura en mi boca, si llegaba tarde a la casa para cenar. Y quizás mañana comenzaría su día con un fuerte abrazo y algunas palabras de ánimo.

Respiré fuertemente. Al fin supe el secreto del amor, y no era un secreto realmente. Estaba escrito en uno de mis versículos favoritos de la Biblia: "Amados, amémonos unos a otros: porque el amor es de Dios" (1 Juan 4:7).

Hall había dicho lo mismo en su primera visita el domingo. "¡Aún puedo amar! Y eso es lo más importante que existe".

Víspera de Navidad

Esta noche la puerta está cerrada
La fogata hogareña está encendida,
Me parece escuchar que pasan las pisadas
Del niño Jesús en la nieve derretida

Esta noche mi corazón se abre completamente
Para los extraños, los amigos o parientes;
Ni uno sola puerta se ha de cerrar
Por donde el amor pueda entrar.

–Kate Douglas Wiggin

774 15 38

Ángeles entre nosotros fue creado por las mismas personas que publicaron *Guideposts,* una revista mensual llena de historias verídicas sobre personas y sus aventuras de fe. Si usted ha disfrutado este libro, pensamos que encontrará ayuda e inspiración en las emocionantes historias que aparecen en nuestra revista. *Guideposts* no se vende en las tiendas. Está disponible sólo por subscripciones. El subscribirse es fácil. Todo lo que tiene que hacer es escribir a:

> Guideposts Associates, Inc.
> 39 Seminary Hill Road
> Carmel, New York 10512.

Para aquellos con necesidades especiales de lectura, *Guideposts* es publicado en letras grandes, Braille y Revista que habla.

Gelph 12.
Reynoliz

Same ratio
(631) 796-5271